# Vivir
## *sin*
# dolor

# Vivir *sin* dolor

### Soluciones naturales y espirituales para eliminar el dolor físico

**Doreen Virtue y
Robert Reeves, N. D.**

Grupo Editorial Tomo, S. A. de C.V.
Nicolás San Juan 1043,
03100, Ciudad de México.

1.ª edición, octubre 2016.

© *Living Pain-Free*
por Doreen Virtue and Robert Reeves ND
Copyright © 2014 por Doreen Virtue and Robert Reeves
Publicación original en inglés 2014 por
Hay House Inc., U. S. A.

© 2016, Grupo Editorial Tomo, S. A. de C. V.
Nicolás San Juan 1043, Col. Del Valle
03100, Ciudad de México.
Tels. 5575-6615, 5575-8701 y 5575-0186
Fax. 5575-6695
www.grupotomo.com.mx
ISBN-13: 978-607-415-785-7
Miembro de la Cámara Nacional
de la Industria Editorial N.º 2961

Traducción: Lorena Hidalgo Zebadúa
Diseño de portada: Karla Silva
Formación tipográfica: Marco A. Garibay M.
Supervisor de producción: Leonardo Figueroa

Impreso en México - *Printed in Mexico*

*¡Para aquellos que desean hacer el cambio de dolor a sin dolor!*

# CONTENIDO

*Vivir sin dolor*

### Tercera parte: Soluciones espirituales para aliviar el dolor

# INTRODUCCIÓN

¡Es posible vivir sin dolor!

Detrás de tu dolor hay un cuerpo completamente funcional, sano y agradable. Por medio de este libro, nuestro objetivo es ayudarte a permitir que esa realidad se manifieste. Con ese fin, te ofrecemos nuestros conceptos sobre las causas del dolor, así como sugerencias relacionadas a prescripciones naturales y soluciones espirituales para sanarlo. Recomendamos remedios con hierbas porque las plantas son la medicina de Dios, se encuentran en la naturaleza y los intuitivos sanadores indígenas las han usado durante años.

Dentro de estas páginas también mencionamos el concepto del ego, el cual es una causa subyacente del dolor. En un sentido espiritual, el ego no es como la palabra egoísta, así que, por el momento, no asocies ambas palabras. Mejor piensa en la imagen "del angelito y el diablito". En el interior de cada persona hay dos voces: una que nos alienta (los ángeles) y otra que atrae al miedo (el ego). La voz del ego dice: "No eres suficientemente bueno; nunca vas a estar bien; mejor date por vencido, y nadie te quiere". Sin embargo, ¡son solo mentiras! Tus ángeles te aman más de lo que crees y lo único que desean es verte tener éxito.

Lo importante es recordar cómo diferenciar entre lo que te dice el ego y lo que te dicen los ángeles. Si a través de tus pensamientos, visiones, sentimientos o palabras, te llega un mensaje que te da ánimo y es positivo, puedes estar seguro de que proviene de tus ángeles. Si el mensaje te hace sentir mal o cohibido, o te convence de no dar el siguiente paso, seguramente proviene de tu ego.

Todo el mundo tiene ángeles; son aliados sanadores que están a tu alrededor y te apoyan siempre. No necesitas ser religioso ni santo —cada persona tiene ángeles de la guarda a su alrededor todo el tiempo—. Ni siquiera importa que creas o no en los ángeles porque son parte de nuestra fisiología. Son tan necesarios como nuestros pulmones, cerebro o corazón.

Tus ángeles están contigo en este momento y esperan inundar tu cuerpo con el consuelo que necesita. Quizá te preguntes: "¿Y por qué no me han sanado todavía?". Es importante que sepas que los ángeles están regidos por la Ley del Libre Albedrío. Esta Ley Universal dicta que ni ellos ni Dios pueden intervenir en tu vida sin tu permiso expreso. Primero tienes que pedir ayuda para que los milagros ocurran. Cuando hablas desde el corazón, tus amorosos ángeles escuchan cada palabra.

En los siguientes capítulos, te ofrecemos un concepto más profundo sobre lo que es el dolor, su origen, el papel que desempeña en nuestro cuerpo y de qué manera afecta a nuestras emociones y cómo estas le afectan, incluyendo el estrés. Proporcionamos sugerencias no solo para aliviar los síntomas, sino para crear un verdadero bienestar a través de lo que comes, del ejercicio, de hierbas y complementos, de la desintoxicación y honrando tu sensibilidad. Al final del libro hay una sencilla guía de referencia que enumera algunas de las partes del cuerpo donde más comúnmente se localiza el dolor; sus probables causas energéticas; y recomendaciones específicas para sanarlo, que incluyen terapias, suplementos, oraciones y decretos. Puedes leer este libro de corrido o dejar que tu intuición guíe tu viaje y elija los temas que son más importantes para ti en un momento determinado.

Recuerda que, con cualquier asunto de salud, lo mejor es buscar también la opinión de un médico. Si padeces un dolor crónico sin diagnosticar solicita una cita con un profesional de la salud calificado; un buen diagnóstico puede ayudarte en tu búsqueda de alivio. Consulta con un profesional de la salud antes de alterar cualquier medicamento o de añadir elementos nuevos a tu rutina, como ejercicio o suplementos naturales. No todos los remedios son apropiados para todo el mundo, de manera que, si tienes condiciones preexistentes o actualmente estás bajo tratamiento, busca consejo para asegurarte de que algo nuevo que tomes no interfiera con tus medicamentos ni empeore tus síntomas.

Debemos usar los métodos más seguros para nuestra salud y, sobre todo, no causar daño. Por favor, sé sensato e infórmate a medida que exploras todas las posibilidades que hay para aliviar el dolor.

Disfruta de tu viaje hacia una vida completamente agradable y sin dolor.

*Doreen y Robert*

PRIMERA PARTE

# DESVELANDO LA VERDAD SOBRE EL DOLOR

# Capítulo uno
# Los orígenes del dolor

S i lo dejas, el dolor puede arruinarte la vida.

Vuelve a leer la oración anterior… la clave está en las palabras *si lo dejas*.

Tu futuro está en tus manos. No te rindas todavía. En este libro encontrarás muchas formas de sanar dolencias físicas. El dolor que alguna vez te detuvo está temblando de miedo. Sabe que aquí obtendrás las herramientas necesarias para cambiar tu vida. Eres capaz de vencer el obstáculo del dolor y quitarte los grilletes que te sujetaban.

Quizá te hayas desconcentrado al intentar leer este libro o te hayas distraído al tratar de deshacerte de tu incomodidad; la razón es que tu ego está aterrado ante la posibilidad de alivio. El ego te distrae porque, si sanas, estarás en el lugar perfecto para llevar a cabo tu propósito de vida. El sufrimiento limita tu sentimiento de gozo, lo cual provoca que tu propósito en la vida te eluda. No obstante, en cuanto se levanta la nube del dolor, el camino a seguir es claro como el agua. Y esto te permite ver tu llamado verdadero.

Cada pensamiento que tienes te ayuda a dar forma a tu realidad y a tus experiencias. De manera que, al enfocar sus pensamientos en el dolor, algunas personas atraen a otras que también sufren. Piensa quién está en tu círculo de amigos. ¿En tu vida hay gente estimulante y con mucha energía? ¿Estás rodeado solo de gente que tiene dificultades, limitaciones y una actitud oscura? El objetivo de este ejercicio no es jugar ni criticar, sino identificar aspectos que quizá queramos cambiar. Así como tuviste el poder de atraer a estas personas, también tienes el poder de atraer amigos felices y sanos.

La limitación del dolor te convence de que estás atrapado. Te dice que el proceso será difícil y que no puedes avanzar. Si haces caso a esa voz entonces pierdes inspiración, motivación y creatividad —tres aspectos esenciales para marcar una diferencia en el mundo.

Estás aquí para hacer mucho más que solo existir. Es natural reflexionar por qué estás aquí en este momento. La razón es porque tu alma lleva esa sabiduría Divina que es muy necesaria en la Tierra. En cierto nivel sabes que así es. Imagina cómo sería tu vida si siempre te sintieras inspirado. Imagina cómo sería si llevaras a cabo todos los deseos de tu corazón. Así es vivir sin dolor.

Así que ¡vamos a deshacernos de esa vieja energía de dolor y marcar el principio de tu increíble futuro!

## ¿Qué es el dolor?

El dolor es señal de que algo en tu cuerpo está desequilibrado. Tomar medicinas antiinflamatorias o analgésicas solo disfraza la molestia pero en realidad no alivia la causa que lo origina. En lugar de tapar los mensajes que te envía tu cuerpo, mejor intenta descifrar qué te quiere decir.

La causa verdadera del dolor puede ser física, emocional o energética. No importa cuál sea la razón, no te juzgues ni juzgues tus experiencias, pues al hacerlo solo aumentarías el sufrimiento. Mira tu situación de manera objetiva. Pregúntate: ¿cuándo empezó el dolor? ¿Qué más estaba pasando en mi vida durante ese tiempo? ¿Había otros factores estresantes o traumas? Quizá te sorprenda descubrir que tu cuerpo está reflejando algo que estaba sucediendo en tu vida.

Cuando vienen a verme (a Robert) pacientes nuevos a mi consultorio de naturopatía quizá esperan que les recete algo para aliviar el dolor. Aunque siempre les ofrezco algún tipo de apoyo, no necesariamente es lo que esperaban. No tiene caso tomar algo para disfrazar los síntomas porque la causa subyacente sigue presente. Y los problemas regresan en cuanto dejan de tomar el medicamento. Por ello es que, cada vez que recibo a un paciente en mi consultorio por primera vez, siempre nos sentamos y platicamos sobre qué más está pasando en su vida.

Una paciente descubrió que el dolor empezó al mismo tiempo que la relación con su esposo se volvió inestable. Su malestar aumentaba cada vez que ella y su marido discutían. Hasta ese momento, nunca había relacionado ambos hechos. Su cuerpo usaba el dolor físico para disfrazar su dolor emocional, para así no tener que hacer frente a sus sentimientos. No es de sorprender que tuviera muchas emociones acumuladas y escondidas. Conforme se sintió cómoda liberándolas, el dolor comenzó a disminuir para finalmente salir de su cuerpo, mente y espíritu. ¿Se habría solucionado el problema si hubiera tomado analgésicos? ¡Claro que no!

Una vez que entiendes el origen de tu dolor debes observar la severidad y la frecuencia. Pregúntate:

- ¿Cuándo empeora el malestar?
- ¿Qué *otra cosa está pasando entonces —estoy más estresado?*
- ¿Hace poco estuve con alguien, o comí o bebí algo?
- ¿Cuándo se alivia el dolor y cuándo me siento muy bien?
- ¿Qué actividades, emociones o relaciones tengo en esos momentos?

Las respuestas a estas preguntas contienen claves esenciales en tu camino hacia el bienestar. Al reconocer las cosas que te dan bienestar, puedes comprometerte a hacerlas con mayor frecuencia. Por otro lado, cuando descubres qué es lo que aumenta el sufrimiento, puedes decidir evitarlo por completo.

## La ilusión del dolor

En la verdad espiritual, tu cuerpo ya ha sanado. Tu alma contiene toda la información que necesitas para recorrer el camino hacia una vida cómoda, feliz y amorosa. Cuando haces caso a los pensamientos de tu ego, basados en el miedo, te desvías de ese camino y, como resultado, tienes dolor.

Sentimos compasión por el sufrimiento verdadero que estás experimentando. Sin embargo, debes recordar que la manera en que Dios te creó es Divinamente perfecta. Dios, que es todo amor, no habría creado el dolor. Tu malestar no es una prueba espiritual sino un producto del ego, que es lo opuesto a Dios. Creerle al ego es darle energía a algo que no es de nuestro Creador.

No hagas caso a la ilusión del sufrimiento y mejor valora tu cuerpo por lo que es en realidad. Si el dolor está usando tu cuerpo para vivir en él, pues dale una notificación de desalojo y dile que no es bienvenido en tu templo sagrado. Quita los bloqueos que están opacando tu luz. Esos bloqueos en el camino hacia tu salud incluyen químicos y toxinas en alimentos y bebidas, patrones de pensamientos negativos, medio ambiente con energía baja, mala dieta, falta de ejercicio y "mal-estar".

Fíjate en que distinguimos "mal-estar" de malestar. Cuando dices "tengo malestar," es un decreto que continuamente afirma mala salud. Por otro lado, un estado de "mal-estar" solo indica que en este momento no estás en tu mejor condición y que necesitas recuperar el equilibrio.

Es importante que evites decir cosas como "*mi* espalda adolorida…", "*mi* dolor…" y "siempre me duele algo". Con frases como esas estás decretando que posees dicha condición —¿de verdad quieres que sea *tu* dolor?—. Cuando eliminas el sufrimiento de tu vocabulario también tienes la opción de intercambiarlo por amor, salud y paz. El universo todo el tiempo está escuchándote y atrae a ti todo lo que decretas, y los decretos negativos, como esos, envían tu energía para perpetuar tu estado actual.

Para facilitar las cosas, imagina que hay un genio que siempre está contigo escuchando cada uno de tus pensamientos y sentimientos. Quiere concederte deseos y cree que quieres más de aquello que roba tu atención. Ayuda al genio "pidiéndole" lo que quieres en lugar de mantener tu atención en lo que no quieres.

Saca el mayor provecho de tu energía al afirmar lo positivo. Di frases como "Mi espalda es flexible y fuerte", "Mi cuerpo es saludable" y "Cada día estoy más sano y me siento mejor", aunque no lo creas por completo en el momento en que lo dices. Siempre y cuando tengas paciencia durante el proceso, dichas afirmaciones te ayudarán a poner tu atención en la condición positiva que estás afirmando y, eventualmente a provocarla.

En nuestras meditaciones personales, le preguntamos a los ángeles el grado de disposición que alguien debe tener para aliviar las molestias. En una escala de cero al diez, donde el diez es el mayor grado de disposición, los ángeles contestaron que solo necesitan uno. Incluso, el menor atisbo de disposición es suficiente para que los ángeles creen cambios positivos en tu vida. Entonces, a pesar de lo que la mente racional opine, lo único que tienes que perder es dolor.

## Diferentes tipos de dolor

En general existen tres diferentes áreas de dolor físico que podemos experimentar: muscular, nervioso y óseo.

• **Muscular**. Este dolor es el más común y generalizado. Suele ser difícil distinguir el lugar exacto que más duele. Puedes tener dolor en el cuello o en la espalda pero en realidad no hay un punto específico que puedas señalar. Más bien, toda un área se siente afectada, como una franja a lo largo de la espalda, o se siente que el dolor se expande. Se presenta cuando un músculo está tenso, lo que dificulta el flujo sanguíneo. Cuando falta sangre en el músculo, este comienza a enviar la señal de dolor.

• **Nervioso**. Los nervios son responsables de todos los movimientos que suceden en el cuerpo. A través de los nervios, el cerebro envía señales a los músculos para que te muevas de manera adecuada. En ocasiones, un nervio se ve atrapado entre músculos tensos y, cuando te mueves, sientes un pellizco que desencadena un dolor agudo, repentino y muchas veces severo —¡que incluso puede dejarte sin aliento!

La señal corre a lo largo del nervio pellizcado. Uno de los ejemplos más comunes es la ciática, que afecta al nervio que va desde la espalda baja y a ambas piernas. De manera que, aunque sientas que la molestia está a lo largo de la pierna, el impacto real está en la espalda baja. Cuando el dolor es nervioso, por lo general, puedes identificar la trayectoria e indicarle al médico exactamente dónde comienza y termina la molestia.

• **Óseo.** El dolor de huesos es profundo. El movimiento de los músculos no lo cambia. Siempre debe tomarse en serio pues puede indicar fractura, infección o cáncer. Si sientes dolor óseo, por favor ve a que te revise un profesional certificado.

## Causas comunes de dolor

Para poder sanar de manera efectiva es necesario reconocer el origen del dolor. Ten cuidado con los tratamientos que solo se dirigen a los síntomas de manera superficial, sin llegar a la raíz. Seguir esos tratamientos implica repetir el proceso una y otra vez, porque la curación efectiva no se ha llevado a cabo. Con la verdadera sanación, una vez que el problema es resuelto, el dolor se va de tu cuerpo y no regresa.

Dicho lo anterior, es posible que te lleve un poco de tiempo alcanzar el bienestar real. No te sientas limitado a ningún remedio en particular; puedes utilizar métodos naturales y convencionales, según sientas que te lo sugieren. Algunos terapeutas aseguran que, por cada año que has padecido un problema, el tratamiento tarda un mes. De acuerdo con esta teoría, si has padecido dolor de espalda durante cinco años, pueden pasar cinco meses para eliminarlo por completo. Mientras más abierto y dispuesto estés a soltar tu sufrimiento, más rápido se va. Obtendrás la cantidad de sanación que estés dispuesto a recibir.

Las siguientes son las razones más comunes por las cuales tienes dolor.

## USO Y DESGASTE

Con el tiempo, las cosas se desgastan. Y sucede en todos los objetos, incluyendo tu cuerpo y sus articulaciones. Si en tus años de juventud fuiste muy activo o practicaste deportes rudos como futbol americano, *rugby*, *motocross* o esquí, es posible que tus articulaciones hayan recibido una paliza. Esto puede ocasionar artritis y rigidez en la vida adulta. Ingerir aceites nutritivos, como el aceite de linaza, ayuda a lubricar bien esas articulaciones.

No tienes que ver la situación de manera negativa. Si practicaste deporte es muy probable que lo hayas disfrutado mucho. Centra tu atención en la felicidad que sentiste con esas actividades y no en lo que el futuro puede o no traer. Puedes cuidarte bien ahora y prepararte para tener una vida larga y agradable.

## ENVEJECER

Envejecer es parte natural de la vida. Mucha gente dice que conforme nos hacemos viejos experimentamos más dolor.

Vamos a examinar esa creencia. ¿Qué va primero: la incomodidad o la predisposición a la profecía? Quizá la constante afirmación de que el dolor es inevitable es lo que lo crea. Esta es una idea maravillosa: si tu cerebro tiene la capacidad de crear una situación, ¡entonces tiene la clave para aliviarla! Si tu mente es capaz de crearlo, tu mente es capaz de cambiarlo. Concéntrate en ser un espíritu jovial y tu cuerpo lo imitará.

## PESO

Tu cuerpo fue creado con un equilibrio Divino, es una estructura delicada que tiene un peso óptimo incluido.

Tener kilos de más ejerce presión sobre los músculos y las articulaciones. Hace que el corazón trabaje más para bombear sangre a un cuerpo más grande. Con el tiempo, la columna puede comenzar a comprimirse a medida que los músculos del abdomen pierden fuerza. Si tienes sobrepeso, bajar unos kilos puede aliviar drásticamente las molestias. Cada kilo de más que tienes es un kilo de más con el que tu cuerpo tiene que lidiar.

Existen muchas razones por las que una persona puede tener sobrepeso, incluyendo una mala dieta, estrés o desequilibrio hormonal:

• **Dieta:** con la dieta que consumes puedes dañar a tu cuerpo en mucho mayor medida de lo que puede contrarrestar todo el ejercicio que hagas. Haces ejercicio durante una hora y, en cuestión de minutos, ¡deshaces todo ese esfuerzo! Los alimentos que contienen muchas calorías y pocos nutrientes son muy fáciles de conseguir, suelen contener conservadores y endulzantes artificiales que pueden inhibir la pérdida de peso. También ten cuidado con los alimentos etiquetados como "de dieta" o sin azúcar, pues muchos contienen aditivos que se relacionan con el cáncer y otras molestias de salud. Cuando los eliminas de tu vida, de inmediato notas una mejoría en tu nivel de bienestar.

• **Estrés:** estar bajo estrés ocasiona que el cuerpo libere la hormona cortisol. Esta hormona aumenta el apetito y genera acumulación de líquidos y aumento de peso. Su función principal es ayudar al cuerpo a manejar cualquier carga. En dosis pequeñas es muy útil. Sin embargo, si experimentas estrés durante mucho tiempo, es posible que tengas un exceso de cortisol en el cuerpo.

- **Hormonas:** si tienes un desequilibrio hormonal, quizá te sientas fatigado y aletargado. Puedes perder la motivación para llevar a cabo las tareas que alguna vez te dieron ilusión. Sabes cuáles son las cosas que pueden ayudarte, pero más bien retrasas sentirte mejor. Los niveles de hormonas fluctuantes hacen que un día te sientas bien y deprimido al día siguiente. Si sospechas que padeces de un desequilibrio hormonal, por favor, ve a que te revise un profesional de la salud calificado. Si intentas crear un tratamiento basado en tu propio diagnóstico puedes hacer más daño que bien. Acepta la ayuda de alguien que sí sepa qué hacer.

## COMIDA

Es posible que el ego te diga que hacer ejercicio solo empeorará el dolor, pero la verdad es que evitar la actividad en realidad retrasa la mejoría. El ejercicio regular ayuda a aliviar la rigidez de los músculos, lubrica las articulaciones y regula el metabolismo. (En el Capítulo siete veremos diferentes tipos de ejercicio y maneras para incorporarlos a tu vida).

Si eres sedentario o estás sentado la mayor parte del día, tu pelvis puede empezar a inclinarse. Tu cuerpo intenta ajustarse a esa desalineación, lo cual añade más rigidez a tu espalda. Y, en un intento por aliviar el dolor de espalda, evitas moverte mucho. Sin embargo, si has realizado actividades suaves y estiramientos, la pelvis puede corregirse a sí misma.

Si sientes que has perdido altura puede deberse a que tienes la columna comprimida. Si esa degradación es provocada por una disminución en la densidad ósea, entonces no hay mucho qué hacer al respecto. Pero si se trata de un cambio reciente puedes hacer movimientos regulares y estiramientos para reajustar tu cuerpo. Practicar yoga suave o tomar clases de Pilates para principiantes tienen efectos curativos maravillosos. Un abdomen fuerte te da una buena columna vertebral y una espalda relajada.

## Vivir con dolor

Ahora hay más gente que antes que vive con dolor crónico. Esa es una de las tantas razones que nos guiaron para escribir este libro. Muchas personas despiertan todos los días para llevar una vida de sufrimiento. En este libro compartimos contigo nuestro conocimiento, los mensajes de los ángeles y las experiencias personales de otras personas para que sepas que puedes estar sano y vivir una vida sin dolor.

Según una agencia australiana de estadística, aproximadamente once millones de australianos, a partir de los quince años, experimentaron algún tipo de dolor dentro de las cuatro semanas anteriores a la encuesta. Alrededor de uno de cada diez australianos aseguró que sintió dolor de severo a muy severo.

De manera similar, un estudio del Instituto de Medicina descubrió que por lo menos cien millones de estadunidenses padecen dolor crónico serio cada año. Para algunas personas esta cifra puede sonar conservadora, pero no toma en cuenta niños ni dolor agudo. El costo de esos padecimientos en cuanto a pérdida de productividad y gastos médicos es de 560 a 635 mil millones de dólares al año.

Uno de cada cinco adultos estadunidenses asegura que el dolor afecta sus patrones de sueño. No es difícil saber lo desafiante que es dormir cuando te sientes incómodo. Pero si aligeras la carga tendrás el descanso que necesitas. A nivel físico, el sueño es el tiempo durante el cual se repara y recarga el cuerpo. Sin un descanso adecuado no puedes sanar por completo. A nivel emocional es esencial porque entras al mundo de los sueños, un espacio en el que conectas con los ángeles y con la mente subconsciente.

¿Por qué parece que ahora hay más gente que vive con dolor crónico que antes? Junto con el aumento de la población, también ha aumentado la proporción de gente que sufre. Quizá se deba a la mayor cantidad de presión y de estrés del mundo moderno. Por ejemplo, un motivo común de preocupación es que las cosas se vuelven más caras conforme pasan los años. Quizá conservamos la creencia de limitación porque si tenemos el mismo ingreso que el año anterior, ¿cómo podremos mantenernos con los gastos añadidos? Debemos deshacernos de limitaciones como esta y dejar que el universo nos proporcione nuestras necesidades terrenales. Es entonces cuando estamos listos para recibir. Hasta ese momento, nuestras manos ocupadas interfieren y los ángeles observan pacientemente hasta que no les damos espacio para que intervengan.

Hoy en día, mucha gente vive situaciones de mucha presión. Constantemente lucha para agradar a los demás mientras le piden que cumpla exigencias irreales. Dichas exigencias no solo se limitan al trabajo. La sociedad nos bombardea con imágenes de cómo debemos vernos, qué necesitamos comprar y ponernos y dónde se supone que debemos estar. Si caemos en esas trampas sucumbimos al sentimiento de fracaso. ¡Y nadie merece sentirse así! Date poder al escuchar la voz interior de tus ángeles que te estimula y te apoya. Este proceso de aliento llegará a ti cuando estés listo. ¡Ahora es el momento!

# Capítulo dos

# Mente sobre dolor

En esencia, el dolor es un hecho natural cuyo objetivo es que se use como señal de advertencia. Por ejemplo, si tocas una estufa caliente, tu cuerpo registra la sensación de calor y peligro, y rápidamente se retira. Sin esa respuesta instintiva nos provocaríamos daño. Sin embargo, los problemas surgen cuando la "alarma del dolor" se atora y parece que nunca se apaga. La incomodidad crónica es señal de que un cuerpo no está contento.

Es importante entender que una vida sin dolor significa mucho más que solo tomar pastillas para disfrazar los malestares. Debajo de la ilusión del sufrimiento está un cuerpo sano y cómodo. Para sanar a un nivel profundo debes elevar tu vibración y energía para encontrar la verdadera versión de ti mismo. Recordemos cómo se siente:

*Piensa en un tiempo en el que sentías que en cada aspecto de tu vida había comodidad y alivio. Quizá fue*

*durante unas maravillosas vacaciones que viviste con*
*tus seres queridos. Ahora suelta tus preocupaciones y*
*deja que tu cuerpo se relaje. En este momento no hay*
*estrés, ni enojo ni confrontación. Siente que tu vida está*
*en equilibrio, en armonía y en paz. Libera tus expecta-*
*tivas, no necesitas decirle a Dios cómo debe sanarte.*
*Deja que las cosas se desarrollen como deben. Confía*
*en que Dios tiene planeado para ti el viaje perfecto y*
*que siempre has estado bajo protección Divina.*

Ahora veamos más de cerca cómo se desencadena el
dolor y cómo usar nuestra mente para vencerlo.

## La secuencia del dolor

Tu cuerpo recibe los mensajes de incomodidad al reco-
ger las señales que suceden en tu sistema y manda al
cerebro la señal de "dolor". Primero, los receptores nerviosos reciben la información y emiten un impulso eléctrico con el mensaje. El impulso viaja por los nervios a
través de la médula espinal hasta el cerebro. El tálamo
envía la señal a distintas partes del cerebro para que la
interpreten y decide qué área debe responder primero.
El resultado es una respuesta física, un proceso mental o
una reacción emocional.

El cerebro influye sobre la percepción del dolor. Yo
(Robert) me olvido de la valentía cuando veo una agu-
ja. Si tienen que sacarme sangre, no soporto la idea de

verlo —jeringas, agujas y sangre no son una buena combinación para mí—. Siempre me volteo y casi siempre me siento mal durante el procedimiento. He notado que, incluso después de que se termina la prueba, puedo hacer que el área duela. Si veo el parche y pienso en lo que pasó, de manera instantánea tengo la sensación aguda del piquete. Sin embargo, en cuanto veo hacia otro lado, la sensación se va.

Cuando medité sobre este intrigante fenómeno, mi guía interior me dijo que el cerebro es capaz de causar y quitar el dolor. Si centras tu atención en algo que disfrutas, desaparece la sensación de sufrimiento. Sale de tu cuerpo, de tu mente y de tu aura porque no puede vivir en un alma feliz. Piensa en un dolor de cabeza, lo más seguro es que, si te distraes escuchando el relato de un amigo, la incomodidad se vaya por completo. Si después tu amigo te pregunta por tu dolor de cabeza notarás que el dolor regresa.

La teoría de la puerta de entrada del dolor sugiere que la mente tiene la capacidad de cancelar los mensajes que indican que el cuerpo fue lastimado. Básicamente, el cerebro se cierra o se abre para recibir dolor. Piensa en los atletas que durante un partido no se dan cuenta de que están lastimados sino hasta que el juego termina. La razón es que su cerebro está demasiado preocupado con otras actividades como para notar la molestia.

Existen muchos factores que pueden alterar la secuencia del dolor como la edad, el género, los antecedentes culturales, la salud sicológica, la crianza y la expectativa del dolor. Vamos a examinar más de cerca este último concepto.

## La expectativa del dolor

El dolor tiene la capacidad de consumir tu vida... pero solo si lo permites. No olvides que estás en un viaje y tú decides hacia qué dirección quieres moverte cada día. Por ello es importante que, en cuanto despiertes, expreses gratitud por todas las bendiciones que te han regalado. Si, por el contrario, te levantas cada mañana fijándote solo en lo que lastima tu vida, el universo responde de acuerdo a tu expectativa.

En lo más profundo de ti sabes que no quieres ese sufrimiento. Tu mente subconsciente también sabe que centrarte en él solo lo empeora. Así que mejor piensa en el amor que hay en tu vida y en las cosas que te dan felicidad. Te sugerimos que intentes las siguientes técnicas para cambiar tu atención.

• Empieza por escribir una lista de actividades que te llenan de gozo. Saca tu diario o una libreta y enumera todas las cosas de tu vida que te hacen sentirte agradecido. Tu estado de ánimo mejorará de manera instantánea y parecerá que las circunstancias mejoran también. Recuerda que el dolor es solo una ilusión del que el ego intenta convencerte de que existe. En lugar de ponerle atención escucha a tus ángeles, ellos te enseñarán formas de expresar tu salud verdadera.

• Para el segundo método necesitas conseguir una caja especial. Al final de cada día corta un pedazo de papel y en cada papelito escribe una bendición que hayas tenido. Describe lo que te hizo sentir bien, momentos felices que compartiste con otros y los milagros que viste. Cuando termines coloca los papeles dentro de la caja. Saca uno de esos papelitos cada vez que te sientas desanimado o que el dolor te distraiga. Pronto sentirás la belleza de tus propias palabras y recordarás el gozo puro que has experimentado en el regalo que es tu vida. Es un recordatorio de que todo sufrimiento es temporal y siempre tienes la oportunidad de reconectarte con la paz.

El hecho de que una creencia alguna vez fuera verdad para ti no significa que tenga que ser verdad ahora. Aunque ciertas actividades te hayan causado molestia en determinado momento, aferrarte a esos recuerdos hace que tu cuerpo tenga la expectativa de volver a sentirse lastimado cuando se presenten las mismas circunstancias. Por eso es importante que también recuerdes el gozo que te provocaron esos mismos eventos.

Por ejemplo, la posibilidad de un largo viaje en coche te trae recuerdos de entumecimiento e incomodidad, pero ¿recuerdas qué hiciste cuando llegaste a tu destino?

¿Hiciste un largo viaje para llegar a una ciudad donde realizaste actividades agradables que te hicieron sonreír? Si te conectas con la energía positiva en lugar de la negativa, te darás cuenta de que tu relación con los viajes comienza a cambiar.

Usa este método para cualquier actividad. Solo porque te hayas despertado con dolor por la mañana, no significa que mañana vaya a pasarte lo mismo. No dejes que tu ego te engañe para que creas lo contrario. Presiona el botón de "eliminar" en todas esas viejas asociaciones. Nos quedamos con el amor y nos aferramos al gozo, pero eliminamos el dolor.

Tus pensamientos son como peces que nadan con la corriente de un río. Siguen adelante con la inercia de su viaje. Si despiertas en la mañana y esperas sentir molestia, corrige la corriente de tu flujo de pensamientos para que se centre en paz y comodidad. Sin embargo, si permaneces con los pensamientos negativos que rodean al dolor, entonces es como si trataras de cambiar la corriente de un río mientras corre montaña abajo. Es mucho más fácil alterarla al inicio que cuando ha tomado velocidad por la inercia.

Crea una nueva expectativa de confort y comodidad: Mañana despertarás completamente cómodo y descansado. El viaje en coche a la ciudad será suave y sin dolor. Espera que ocurra la mejor situación… y así será.

## Regálate tiempo para brillar

Cuando la vida se complica es fácil dejar que se esfumen tus pasatiempos y otras cosas que te interesan —pero en ese momento es precisamente cuando más los necesitas—. Si no te conectas con lo que te apasiona comienzas a sentirte agotado y exhausto. El gozo te abandona, tu luz disminuye y, pronto, llega el dolor.

Debes recordar que eres un hermoso ejemplo del amor manifiesto de Dios. Cuando permites que brille tu luz Divina dejas que los demás sepan que hay esperanza. Puedes inspirar a otros para que se unan a ti en un camino feliz y de sanación. De hecho, los ángeles te piden en este momento que dejes que tu luz brille, ¡es fundamental para tu bienestar! Cuando te das tiempo para disfrutar de tu vida, tu cuerpo responde con salud y te sientes más brillante y más feliz.

Incluso aunque estés muy ocupado haz espacio para tus pasatiempos y para divertirte. Nadie quiere vivir en una realidad en la que solo se tenga tiempo para trabajar. Sí, el trabajo puede ser satisfactorio y divertido, además también ayuda a que obtengas las herramientas necesarias para disfrutar. Sin embargo, a mucha gente se le ha olvidado la segunda fase del trabajo. Gana dinero pero se olvida de invertirlo en diversión y comodidad.

La gente que tiene mucho éxito siempre recuerda este principio. Disfruta de lo que hace y le da la bienvenida a los placeres de la vida. Encuentra maneras emocionantes para cumplir con sus compromisos al mantener un alto nivel de energía y motivación.

Si no te das recompensas comienzas a resentir tu trabajo y eso puede ser un obstáculo más para tu sanación. Si lo que haces no te da placer, entonces haz otra cosa. Comienza por decretar para crear una realidad que sí disfrutes. Los decretos son afirmaciones positivas en tiempo presente que repites para manifestar el resultado que deseas.

Para decretar tus deseos y tus sueños di:

- "Mi vida me satisface en todos los sentidos".
- "Cada momento me brinda más gozo".
- "Estoy abierto para recibir todo el bien y eso me permite dar a los demás con mayor libertad".
- "Mi trabajo es muy satisfactorio y gratificante".
- "Cada día es una nueva oportunidad para experimentar amor".

Repetir decretos mentalmente durante tus actividades diarias te ayuda a devolver tu atención a tus metas. En un principio puedes sentir que estás mintiéndote. El ego se resiste a esas palabras de aliento y favorece los pensamientos negativos que le son tan familiares. Con repeticiones constantes, el subconsciente comienza a creer en tus decretos; en ese momento estás listo para empezar a dar los pasos necesarios para hacer que los decretos se hagan realidad.

Si estás en tu trabajo la mayor parte del día, necesitas disfrutarlo. Si amas lo que haces, dejas de sentir que estás trabajando. Más bien, sientes que te pagan por jugar y divertirte. Esta manera de pensar te da la perspectiva necesaria en tu camino hacia la comodidad y el bienestar.

## Meditaciones para aliviar el dolor

Puesto que tu cerebro tiene el poder de hacer realidad las sensaciones, también puede eliminarlas para siempre. Sácale provecho y entrena tu mente con meditaciones o imágenes guiadas. Quitar tu atención del dolor te dará el mayor gozo de todos. Las siguientes meditaciones son algunas de nuestras favoritas que quizá quieras probar.

### OCÉANO TERAPÉUTICO

*Visualiza que estás caminando por una hermosa playa al amanecer o atardecer. Afirma que la temperatura es perfecta. Hay una brisa agradable que viene del océano, tus pies disfrutan la suave caricia de la arena y las olas. Siente que el océano se lleva todas tus preocupaciones. No necesitas aferrarte a esas viejas emociones pues no te hacen ningún favor, ni a ti ni a nadie. Date tiempo para respirar profundamente y disfrutar de esta mágica experiencia.*

## Bosque sanador

*Visualiza que estás sentado en un bosque tropical. Date un momento para observar todos los tonos de verde que te rodean. El verde es el color de la sanación y le das la bienvenida para que entre a tu cuerpo. Experimentas sensaciones de cosquilleo conforme la energía esmeralda entra a tu ser.*

*En el bosque, el arcángel Rafael está contigo. Él elimina cualquier obstáculo para tu paz y bienestar. Escucha los sonidos de la naturaleza —los árboles y las aves— y la dulce canción de la serenidad.*

## Una perspectiva superior

*Lleva a tu mente hacia la cima de una montaña. Desde aquí tienes nuevas perspectivas. Siéntate sobre un tapete de color púrpura y observa la belleza que hay debajo. Comprendes que, cuando te elevas, tienes la decisión de ir hacia donde quieres ir. ¿Quieres volver a la forma de antes —o quieres dar la bienvenida a una mejor salud, al bienestar y al amor?*

*Sientes que hay una fuerte presencia contigo. Es el arcángel Miguel, quien está aquí para ayudarte a eliminar el miedo y las energías negativas de tu vida. Él te protege y te mantiene a salvo de cualquier peligro. Él entiende que tuviste dificultades en el pasado, pero desea iluminar el camino hacia tu verdadera sanación. El verdadero alivio solo proviene de tu interior. No es algo que recibas de los demás. Es algo que brilla en tu interior desde el momento de tu nacimiento.*

*Tu estado verdadero de salud Divina brilla resplandeciente. Pide a Dios y a los ángeles que eliminen la oscuridad para que tu luz vuelva a ser revelada. Cuando lo haces, tu camino inspira a los demás y se unen a ti en el camino del gozo. Esta es la magia de sanar con los ángeles, que no solo se centran en tus necesidades, sino que envían su energía hacia el exterior para crear maravillosas experiencias a donde quiera que vas.*

*Eres un ejemplo resplandeciente del amor de Dios. Mereces salud y confort absolutos. Quédate un rato en esta meditación para obtener toda la sanación que puedas.*

⸺◈◈⸺

Cuando estás en cualquiera de estos estados de meditación puedes solicitar a los ángeles que te den más información y apoyo. Piensa en la frase: "Ángeles, ¿qué más quieren que sepa ahora? ¿Qué cambios les gustaría ver que hago?".

Y escucha con todo tu cuerpo. Presta atención a cualquier pensamiento, sentimiento, visión o sonido. También recuerda que las coincidencias no existen, todo está perfectamente orquestado para que te des cuenta a lo largo de tu camino. En lugar de pasar algo por alto, obsérvalo con más atención —quizá lo reconozcas como la respuesta a tus oraciones.

Por ejemplo, yo (Doreen) recibí una carta de Paula Kucner Taipa de Polonia. Dijo que disfrutaba escuchar mi programa semanal en *Hay House Radio*. Un día le dolían terriblemente la cabeza y la muela. Durante el programa de esa semana guie a los escuchas en una meditación de sanación con los ángeles. Paula sintió que el dolor salió de su cuerpo —¡desapareció por completo!—. Con gratitud entregó la situación a Dios y disfrutó de los beneficios de la meditación. ¡Tú también puedes hacerlo!

# CAPÍTULO TRES

# UNA MIRADA AL ESTRÉS Y LA INFLAMACIÓN

Es fácil permitir que el dolor adquiera el papel protagonista en tu vida. Quizá pienses que el estrés que padeces es un problema secundario, quizá creas que tu malestar físico es el creador de la tensión emocional que te agobia. Aunque esto es verdad a medias, es importante reconocer el impacto que las emociones tienen sobre tu maravilloso cuerpo.

El estrés es uno de los principales obstáculos para tu bienestar. Si escuchas constantemente la voz del miedo, entonces te permites entrar a un ciclo de dolor. Cuando reconoces que de nada te sirve preocuparte es más fácil que sueltes las preocupaciones. Al tomar un enfoque polifacético sobre tu bienestar tienes más probabilidades de lograr mejores resultados permanentes.

Deja que tus ángeles te ayuden, elige una oración para mejorar la situación y no continúes con el innecesario estrés. Si abres la puerta para que el cielo aligere tu carga obtendrás ayuda Divina durante el camino hacia tu sanación. Sin embargo, si no das el permiso harás el camino sin ayuda. Claro que Dios y tus ángeles están contigo siempre, pero no pueden interferir con nuestras decisiones de libre albedrío.

Al recordar esta verdad espiritual se vuelve obvio que el estrés es algo que no debemos dejar entrar a nuestra vida. Los ángeles nos comparten que el estrés es:

ENERGÍA QUE MATA DE HAMBRE A LA ESPIRITUALIDAD.

Según esa definición, la energía que se gasta en el estrés no hace bien, solo crea más tensión. Bloquea tu comunicación espiritual y te engaña para que desperdicies tiempo valioso. Mejor reemplázala con la energía benéfica del gozo, paz y sanación.

Los ángeles quieren que pienses en actividades que amas. Pregúntate: "¿Cuándo fue la última vez que hice algo que me gusta?". Si fue hace más de una semana necesitas ajustar tus prioridades para ayudarte a vivir libre de estrés y libre de dolor. Cada semana date tiempo para hacer lo que te hace sentir bien. Haz una cita contigo y prométete que harás lo que amas. No dejes que el dinero sea un problema, no necesitas ir regularmente a un *spa*, ni a que te den masajes costosos. Hay actividades sencillas que puedes hacer. Por ejemplo, puedes darte un baño relajante en casa, leer tranquilamente un rato o caminar en paz entre la naturaleza. Cualquier cosa que te dé alegría vale la pena.

Los ángeles siempre proveen para que tengas lo que necesitas para ser feliz. Si asistir a que te den un masaje regularmente de verdad te daría paz, entonces reza para obtenerlo. No tienes que sentirte culpable por eso ni pensar que estás quitándole el tiempo a Dios. El cielo sabe que mientras más cómodo y feliz estés es más probable que escuches a tu guía interior, cumplas tu propósito y marques una verdadera diferencia en tu vida y en la vida de los demás. Los ángeles solo quieren que seas feliz, de manera que no estás insultándolos al pedirles ese tipo de cosas. Ellos saben que lo importante no son los satisfactores materiales sino el intercambio de amor. Cualquier actividad en la que te sientas nutrido y amado valdrá la inversión angélica.

Para ilustrar estas ideas un poco más, piensa en las demostraciones de seguridad de los aviones. Antes de despegar, los sobrecargos te recuerdan que, en caso de emergencia debes ponerte la mascarilla de oxígeno antes de ayudar a los demás. Esto es porque *tú* necesitas primero el aire para respirar; tienes que satisfacer tus necesidades antes de poder ayudar a alguien más. Si no haces caso a ese importante principio de cuidado de uno mismo, probablemente pierdas la conciencia y seas incapaz de ayudar a nadie —¡incluso a ti mismo!

Los ángeles nos recuerdan que la vida diaria se rige por las mismas reglas. Debes darte un momento para satisfacer tus propias necesidades antes de preocuparte por los problemas ajenos. No olvides revisar de dónde proviene el estrés que sientes. ¿Una situación en tu vida está creándolo o lo está generando otra persona? Si proviene de la energía de alguien más es fácil eliminarla al invocar al arcángel Miguel y protegerse de manera regular. Imagina que estás rodeado por una barrera de energía que te resguarda de la negatividad de los demás y de circunstancias externas. Puedes invocar o fortalecer la protección cada vez que sientas que lo necesitas. (En el Capítulo once encontrarás más información sobre la protección). Si piensas que la fuente del estrés eres tú, entonces reza para que te guíen. Pide a Dios y a tus ángeles de la guarda que te compartan maneras de proceder.

## Los efectos del estrés crónico en tu cuerpo

Hace algunas décadas, la medicina moderna ni siquiera consideraba que el estrés fuera un problema de salud. Hoy es ampliamente reconocido como la raíz de una gran cantidad de padecimientos. El estrés prolongado aumenta los niveles de la hormona cortisol en el cuerpo, lo cual, a su vez, aumenta la inflamación y promueve el desarrollo y el progreso de muchas enfermedades. Desencadena varias respuestas corporales infortunadas y hace que te sientas exhausto.

Como ayuda visual, imagina un cable de electricidad. Imagínate qué pasaría si le quitaras el plástico que lo cubre y separaras todos los alambres. Algo similar es lo que el estrés le hace a tu sistema nervioso. Lo desgasta todo de manera que los mensajes del cuerpo son más difíciles de procesar. Se requiere más tiempo para adaptarse al cambio y los caminos naturales de sanación se bloquean.

Es importante asegurarte de que tienes una salida para liberar cualquier tensión mental o emocional que sientas. Los ángeles dicen que, como en un clóset, tenemos una cantidad limitada de "repisas," y en este momento algunas pueden estar llenas con energía de estrés y emociones viejas. Aunque trataras de darle la bienvenida a tu vida al amor, la sanación o la energía positiva, no tendrían a dónde ir. Por ello es tan importante eliminar el desastre de las repisas —al hacer espacio permites que entre la sanación.

Entre las formas sanas de liberar el estrés están la meditación, el taichí y la oración. El ejercicio también es un excelente liberador porque provoca que el cuerpo produzca endorfinas, las hormonas del bienestar. Trata de salir y estar un rato disfrutando de la luz del sol. Cuando los rayos del sol toquen tu piel, ten la disposición de soltar todo lo que ya no te sirve. Deja que la calidez del sol celestial purifique tu corazón, tu mente y tu alma.

Escribir cartas también es una buena forma de sacar tus emociones. Para empezar siéntate delante de la computadora y escribe una carta que exprese tus sentimientos —y cierra el programa sin guardar lo que escribiste—. Nadie necesita leer tus pensamientos, pero es esencial que los saques de tu campo de energía. Una vez que eliminas esas viejas cosas queda espacio para que se instalen la energía de sanación y el amor.

## El papel de la inflamación

El estrés psicológico aumenta los niveles de cortisol y provoca inflamación crónica. Es importante señalar que la inflamación puede ser la mejor ayuda para sanar, pero también el mayor impedimento. Es una señal que le dice al cuerpo que comience a reparar el área aislada. Llegan células benéficas al lugar afectado para ayudar en la recuperación. Estas células sirven para mantener alejados a los invasores indeseables, como las bacterias y los virus, y protegen el área contra daños posteriores. Sin embargo, cuando la inflamación se convierte en una condición constante promueve el desarrollo y el progreso de muchos malestares.

La inflamación crónica no suele presentar síntomas característicos que se notan a simple vista, como enrojecimiento. Pero la acumulación de líquidos y la hinchazón son aparentes y prolongan la inflamación. Esta presión extra ocasiona más dolor y evita que el cuerpo sane. La inflamación prolongada también provoca la producción de los peligrosos radicales libres, los cuales hacen que las células envejezcan de manera prematura y contribuyen a la aparición de diversos padecimientos, tales como enfermedades cardiovasculares y cáncer.

En algunos casos, el sistema inmunológico provoca respuestas inflamatorias por error. Entre esos casos está el asma, cuando las vías respiratorias (los tubitos que transportan el aire a los pulmones) se hinchan y se estrechan, lo cual inhibe la respiración. La inflamación de los riñones afecta la presión arterial alta. El colon inflamado provoca calambres abdominales y diarrea. Si tienes alguno de estos padecimientos reducir el nivel de estrés provocará menor inflamación en tu cuerpo, lo que puede aliviar o eliminar nuevos estallidos.

Mucha gente cree que debe ser sedentaria para poder sanar, pero el sedentarismo hace que aumente la inflamación. Se queda en el cuerpo hasta que puedas eliminarla. Por ello es esencial que el ejercicio regular sea parte de tu rutina. Comienza caminando de manera suave. Y conforme aumente tu condición física ve incorporando ejercicios más vigorosos. En el Capítulo siete hay sugerencias sobre cómo establecer el régimen de ejercicio.

Una forma importante de reducir la inflamación crónica es consumir suficiente aceite omega-3. Complementa con aceite de linaza, que ayuda a lubricar las articulaciones y libera los músculos. En el siguiente capítulo hablamos de los aceites omega-3 junto con otros complementos y hierbas con propiedades analgésicas.

# Segunda parte

# Métodos naturales para aliviar el dolor

# Capítulo cuatro

# Hierbas medicinales y suplementos

Las hierbas medicinales son una manera excelente de conectar con la energía de la tierra y el cuerpo responde a ellas de maravilla. No hay resistencia. No hay manipulación de tu delicado sistema. Más bien, las hierbas ayudan al cuerpo a crear un estado de bienestar.

Es interesante que muchas medicinas farmacéuticas tienen su origen en plantas o son formas modificadas de compuestos derivados de estas plantas. Quizá te preguntes: "¿Por qué no usamos las versiones naturales en lugar de intentar copiar lo que Dios hizo perfecto?". Pues la respuesta es sencilla, porque así no se gana dinero (no se puede patentar algo que existe de forma natural).

Las compañías farmacéuticas recrean esos compuestos en un laboratorio y esperan que el cuerpo responda al compuesto fabricado de la misma manera en que responde a la sustancia natural. También tienden a aislar o centrarse en un químico en particular. Por otro lado, los remedios naturales reconocen el maravilloso grupo de compuestos basados en plantas que trabajan en sintonía para crear un efecto de sanación.

Creemos en que tanto la medicina moderna como las terapias tradicionales tienen su propio lugar. Si, Dios no lo quiera, nos rompiéramos una pierna o nos dislocáramos un hombro, obviamente consideraríamos que un tratamiento farmacéutico es una opción válida. Dicho lo anterior, creemos que los remedios espirituales y naturales proporcionan los mejores beneficios en el tratamiento del dolor crónico, ya sea constante o recurrente.

Claro que las medicinas para el dolor cumplen un propósito y ayudan en situaciones graves y severas. Pero mucha gente se vuelve dependiente y experimenta una variedad de efectos secundarios terribles. El malestar estomacal y las molestias digestivas son muy comunes, entonces, si eres susceptible, los fuertes remedios con bases químicas solo te causarán más malestar.

Mejor utiliza alternativas naturales que el cuerpo tolere fácilmente y use de manera adecuada. (En el apéndice encontrarás "prescripciones" naturales para aliviar el dolor en áreas específicas del cuerpo).

## El peligro de las medicinas farmacéuticas

Uno de los peores riesgos, y por desgracia también de los más comunes, de tomar medicamentos de farmacia es la sobredosis. Las estadísticas de los centros de control de enfermedades (CDC, por sus siglas en inglés) en Estados Unidos revelaron que en 2009 hubo 475 000 casos en urgencias de gente que abusó o hizo mal uso de medicamentos para el dolor. En 2008, más de 30 000 personas murieron por sobredosis de medicamentos prescritos, de las cuales 14 800 tuvieron relación con analgésicos —más que el número de muertes provocadas por heroína y cocaína en conjunto—. Desde 1990 se ha triplicado el número de muertes relacionadas con medicamentos en Estados Unidos; en ese mismo periodo, el número de prescripciones de analgésicos ha aumentado un 300 por ciento. Una querida amiga (de Doreen) murió a los 55 años por un infarto provocado por tomar demasiadas medicinas prescritas para el dolor.

Cuando la personas se toman un analgésico, los químicos se adhieren a las partes receptoras del cerebro, lo cual hace que el dolor desaparezca. También suelen sentir un estado leve de euforia y no es inusual volverse adicto a ese sentimiento agradable. La mente irracional es seducida para que se tomen más pastillas y se pueda alcanzar un estado de más dicha.

Es importante saber que las medicinas para el dolor actúan como sedantes. Si se ingiere una dosis demasiado alta, la respiración puede volverse tan lenta que se detiene. Es una práctica peligrosa para los consumidores adictos que intentan encontrar un equilibrio entre las dosis lo suficientemente fuertes como para eliminar los síntomas y proporcionarles la euforia que desean, pero lo suficientemente bajas para no poner su vida en riesgo. La propia cantidad de muertes que suceden cada año es una clara señal de que esta práctica es demasiado arriesgada y que no puede mantenerse durante mucho tiempo.

Una cantidad aterradora de personas está tomando analgésicos por placer. En 2010, los CDC reportaron que más de doce millones de estadunidenses usaron medicamentos para el dolor por la sensación que les provoca y no para aliviar sus síntomas. Lo anterior es evidencia de la naturaleza altamente adictiva de los analgésicos y del riesgo que representan para la gente susceptible. Si estás leyendo este libro probablemente seas una persona susceptible. Estás buscando respuestas a las preguntas que muchas otras personas tienen que explorar todavía. Nuestro papel no es avergonzar a la medicina moderna ni alejarte de ella. Al contrario, queremos que conozcas los hechos. Una persona informada puede tomar decisiones sensatas en cuanto a su salud y su futuro.

## Remedios herbolarios

Los remedios herbolarios son una alternativa a los analgésicos prescritos y los hay en tabletas, cápsulas, tinturas o extractos. Siempre y cuando la calidad de la hierba sea la misma, la presentación que elijas no debe suponer una gran diferencia. Sin embargo, la presentación en líquido requiere menos esfuerzo por parte del cuerpo porque ya está descompuesto y listo para ser absorbido. Por otro lado, las tabletas deben digerirse primero antes de que el cuerpo pueda asimilarlas.

Cuando compres remedios herbolarios primero busca productos orgánicos o biodinámicos. Esto significa que las plantas fueron cultivadas sin el uso de químicos y pesticidas y con técnicas de cultivo que no dañan el medio ambiente. Las hierbas silvestres también son muy poderosas. Son hierbas recolectadas en su ambiente natural.

Por último están las hierbas cultivadas de manera convencional, las cuales son tratadas con fertilizantes, químicos y pesticidas. Ten cuidado pues, al ingerirlas, también ingieres toxinas dañinas para tu cuerpo.

No todas las compañías incluyen la información del cultivo de sus hierbas en la etiqueta, pero puedes pedirla. No escatimes en cuanto a lo que le das a tu cuerpo. Date la mejor oportunidad de recuperación al evitar toxinas y productos de mala calidad. Si, por la razón que sea, eres sensible al alcohol, verifica si las hierbas líquidas están suspendidas en alcohol. Hay muchas hierbas que vienen en suspensiones sin alcohol.

## Oración para sanar
## con hierbas

Antes de tomar hierbas preséntale tus respetos a la planta por su acto de servicio. Date un momento para dejar reposar tu medicina con amor y gratitud. Esto eleva su vibración y aumenta su efectividad.

Toma la hierba entre las manos o coloca las manos sobre ella. Respira profundo para conectar con su energía. Conforme te relajas con esa respiración consciente, tu aura se expande. Deja que tu energía se mezcle con la energía de la hierba. Sentirás una ligera presión, cosquilleo o sensación de calor en las manos.

Invoca la energía de sanación del arcángel Rafael diciendo:

"Dios y arcángel Rafael, por favor llenen esta hierba de sanación con su energía. Le doy gracias a esta hierba por su acto de servicio. Le pido a esta planta sagrada, que ustedes crearon, que sane mi cuerpo físico, mis emociones y mi energía. Por favor, bríndenme todo lo que necesito ahora".

Visualiza que la hierba medicinal resplandece con una luz blanca muy brillante. Ten la certeza de que esa luz formará parte de tu cuerpo de manera fácil y sin esfuerzo. Después di:

"Ángeles, les pido que despierten el espíritu
de esta hierba para sanar. Que su regalo de servicio
sea bien recibido. Gracias".

Ahora deja que la hierba haga su trabajo de sanación.

## Elige hierbas y suplementos de manera intuitiva

A la hora de elegir hierbas medicinales escucha a tu intuición. Si tienes una corazonada que te dice que pruebes una hierba, hazle caso —los resultados pueden cambiarte la vida—. (Obviamente, si estás en tratamiento médico consulta al doctor para asegurarte de que no interfiera con los medicamentos que estás tomando).

Elena Vasilis descubrió el poder de sanación de las hierbas cuando tenía veintitantos años. Padecía dolor estomacal, náusea y malestar. El doctor le recetó antibióticos pero los síntomas no desaparecieron. Unos años después, un doctor le practicó una endoscopía y descubrió que Elena tenía reflujo. Le prescribieron tabletas para el estómago pero seguía sintiendo malestar. Les rezó a Dios y al arcángel Rafael para que sucediera un milagro.

Entonces decidió hacer algo y cuidarse mejor. Empezó a comer más frutas y verduras y a beber más agua. También dejó de comer gluten y lácteos pero seguía teniendo problemas estomacales. Un día recibió la guía intuitiva que le indicó que tomara té de menta. Lo tomó todos los días durante una semana y, para su sorpresa, ¡las náuseas y el dolor desaparecieron!

Ahora, Elena recomienda menta a cualquier persona que tenga molestias estomacales. Tiene cuidado de usar solo hierbas de buena calidad que compra en la tienda naturista. Algunas veces añade hojas frescas al té caliente o al té helado durante los meses de más calor. Elena está agradecida de que la guía Divina le haya sanado el estómago.

## Hierbas recomendadas

Las siguientes hierbas pueden serte útiles en tu propio camino a la sanación. Si tienes una enfermedad preexistente o estás tomando medicamentos o estás bajo tratamiento, por favor consulta a tu médico antes de añadir cualquier tipo de hierba.

A mí (Robert) me encanta el efecto que tienen las hierbas pero el sabor no suele ser el más agradable. Antes de beber extractos líquidos y tinturas siempre los diluyo en agua y tengo listo un *chaser*. Por lo general, uso media taza de agua pero sé que hay gente que usa una cucharada y la bebe de un trago. La cantidad de agua que mezcles con las hierbas medicinales no importa —solo procura tomártela toda. Y rápidamente bebe otro líquido después, quizá un jugo.

Es mejor tomar las hierbas medicinales después de comer, a menos que las indicaciones recomienden lo contrario. No hace falta que uses un cronómetro pero no esperes más de 30 minutos o puede darte malestar digestivo.

## JENGIBRE (*ZINGIBER OFFICINALE*)

El jengibre es una especia común con sabor picante que probablemente has usado para cocinar. También puedes usarlo para sanar. Prepara las comidas con la idea de sanar el dolor. Incluye jengibre fresco a los *stir-frys*, sopas o jugos.

El fuerte sabor de esta raíz ayuda a eliminar la energía vieja al deshacer los bloqueos de tu cuerpo que se adhieren al dolor. En la medicina herbolaria, el jengibre es una de las plantas antiinflamatorias más efectivas. Relaja la tensión muscular y elimina el dolor de las articulaciones. Estimula la circulación y ayuda al transporte de células benéficas en todo el cuerpo.

Un estudio publicado en la revista *Arthritis* comparó el efecto del jengibre con el de la cortisona y el ibuprofeno cuando se usa en el tratamiento de la osteoartritis y artritis reumatoide. Este estudio descubrió que el extracto de jengibre es un agente antiinflamatorio tan eficaz como la cortisona y el ibuprofeno, que no afectó la producción de citosinas, uno de los factores que causan dolor. La cortisona tiene una larga lista de efectos secundarios, como el aumento de peso, la depresión, dolores de cabeza severos, dolor en el pecho y problemas de sueño. Por otro lado, el jengibre tiene muy pocos efectos secundarios, aunque debe evitarse antes de una cirugía y no deben tomarlo personas con úlceras pépticas debido a sus propiedades anticoagulantes.

Un estudio llevado a cabo en la Universidad Odense, en Dinamarca, descubrió que el jengibre es un sanador efectivo. Durante el estudio, los pacientes con artritis tomaron diariamente una pequeña cantidad de jengibre durante tres meses. Casi todos los participantes experimentaron mejoras importantes en los niveles de dolor, hinchazón y rigidez por las mañanas solo por consumir jengibre. El Dr. Srivastava, el investigador en jefe, dijo que el jengibre es mejor que los medicamentos antiinflamatorios no esteroideos. Estos medicamentos solo bloquean la producción de marcadores de inflamación. El jengibre también lo hace además de que reduce la inflamación existente.

Tomar jengibre líquido o en tintura alivia las náuseas y otras molestias digestivas. Pon diez gotas en un poco de agua y la molestia desaparecerá en menos de quince minutos. Para dolor crónico e inflamación quizá se necesite una mayor cantidad. En esos casos toma 25 gotas de jengibre en tintura tres veces al día.

El jengibre líquido contiene alcohol, así que evita tomar demasiado. Si necesitas una mayor dosis es más seguro tomarlo en pastillas o cápsulas. El cuerpo responde bien ante una concentración mayor; prueba tomar 1000 mg en dos o tres dosis al día. Unas semanas después te darás cuenta de que el dolor y la inflamación están disminuyendo.

## BOSWELLIA (*BOSWELLIA SERRATA*)

La boswellia es una resina que se produce a partir de un tipo de árbol llamado frankincienso. La resina de frankincienso tiene un largo historial de usos gracias a sus propiedades limpiadoras y motivadoras, por lo general en forma de incienso. Se quema sobre carbón para limpiar el espacio de energías negativas y dar la bienvenida a los ángeles. La boswellia emite una vibración similar.

En 2003 se llevó a cabo un estudio aleatorio, de doble ciego, que comparó la efectividad de la boswellia con un placebo en pacientes que padecían osteoartritis. Ocho semanas después se hicieron pruebas de dolor en los grupos y se intercambiaron los grupos y los tratamientos. Al final de la prueba fue evidente que, cuando los pacientes usaron boswellia, notaron disminución en el dolor y la inflamación, aumento en la flexibilidad y mejoría general en los niveles de bienestar. Los investigadores sugieren que la boswellia es un tratamiento viable para los pacientes con artritis.

En 2013, un equipo de investigación médica probó una combinación de boswellia y cúrcuma frente a celecoxib (su nombre comercial es Celebrex) en pacientes con osteoartritis. Descubrió que la combinación de las hierbas fue más efectiva en el tratamiento del dolor y la inflamación que el celecoxib. Los pacientes toleraron mejor la combinación de ambas hierbas y no presentaron efectos secundarios.

Puesto que la boswellia proviene de una resina es mejor tomarla en forma de tabletas o cápsulas. Algunos fabricantes hacen fórmulas líquidas, pero el sabor a aceite no es muy agradable. Toma 4000 mg divididos en dos o tres tomas al día.

## CAPSAICINA

La capsaicina es el componente activo de los chiles. Los estudios muestran que el uso tópico de una crema que contenga capsaicina reduce considerablemente la severidad del dolor. Los pacientes que padecen artritis han reportado una importante mejoría que puede durar varias semanas. La razón es que la capsaicina adormece de manera temporal las fibras de los nervios sensibles al dolor. Mientras estas terminaciones nerviosas se reparan, ¡tú no sientes dolor!

En las tiendas naturistas puedes encontrar cremas con capsaicina. Aplícala de dos a cuatro veces al día y, después de dos semanas debes notar una mejoría en el dolor ocasionado por la artritis o en el dolor muscular.

La crema funciona estimulando y después disminuyendo las señales de dolor en el cuerpo.

Si quieres hacer un potente aceite con capsaicina, añade dos cucharadas de hojuelas de chile seco orgánico a una taza de aceite de oliva extra virgen prensado en frío. Coloca la mezcla en un recipiente resistente al calor dentro de una olla con agua hirviendo. Calienta a fuego lento durante 60 minutos para permitir que el chile penetre en el aceite. Usa un trozo de muselina para colarlo en un frasco limpio, deja que se enfríe y tápalo bien.

Sé muy cuidadoso para evitar que este aceite entre en contacto con tus ojos y tu boca y mantenlo fuera del alcance de los niños. Para usarlo aplica una pequeña cantidad (un par de gotas) en el área afectada y frota delicadamente. Para evitar irritaciones usa guantes al aplicarlo. Es normal que sientas calor y haya un ligero enrojecimiento, pero retíralo en cuanto puedas si sientes que te irrita demasiado.

## ÁRNICA

La planta árnica es dañina si se consume en su forma natural. Sin embargo, el árnica homeopática es muy efectiva en el tratamiento de contusiones, dolor e hinchazón. Se desconocen los mecanismos exactos que lo hacen funcionar, pero las investigaciones han demostrado que es especialmente bueno para lesiones agudas y la hinchazón después de una cirugía.

Para hacer un remedio homeopático hay una serie de diluciones (conocidas como dinamizaciones). Vamos a hacer un ejemplo con el árnica. Una gota de extracto de árnica añadida a nueve gotas de solución (alcohol, agua o glicerol) dinamizadas (agitadas) dan como resultado árnica 1DH. Una gota de árnica 1DH añadida a nueve gotas de solución, dinamizada, dan como resultado árnica 2DH. El proceso continúa hasta que se alcanza el nivel deseado. También existe la escala C —una gota de extracto de árnica añadida a 99 gotas de solución forma árnica 1CH; una gota de árnica 1CH añadida a 99 gotas de solución crea árnica 2CH y así de forma sucesiva.

Al llegar al nivel 12CH ya no queda árnica física en el producto, pero las dinamizaciones extraen su energía para crear un remedio con un alto nivel de vibración. La magia de la homeopatía elimina los aspectos perjudiciales de un objeto mientras aumenta las propiedades sanadoras. El proceso de diluciones seriales puede continuar muchas veces más para llegar a cientos o miles de diluciones. Paradójicamente, mientras más "diluido" esté el remedio, su energía se vuelve más potente. Los remedios sometidos a mayor cantidad de diluciones afectan los aspectos mentales y emocionales de una persona, mientras que los que fueron sometidos a una menor cantidad, tratan el aspecto físico.

El árnica funciona mejor después de una lesión o un golpe que deja moretón, como cuando te caes, te tropiezas o chocas contra algo —como machucarte un dedo con la puerta del coche o golpearlo con un martillo.

La homeopatía no se recomienda como medida preventiva. Conocemos el caso de un equipo de futbol americano que tomó árnica antes de un partido con la idea de que reduciría el tiempo de recuperación, sanaría las heridas y los jugadores estarían listos para volver al campo pronto. Pero pasó lo contrario y ¡salieron muy lastimados!

No olvides que la homeopatía se basa en el principio de "igual cura igual". De manera que, una sustancia que causa síntomas en un individuo sano cura los mismos síntomas en alguien que no está sano. Y en una persona sana, un remedio homeopático puede crear los mismos síntomas que cura en una persona enferma o lastimada. De hecho, hay personas que son contratadas para que tomen remedios homeopáticos solo para ver sus efectos.

No se conocen las razones que están detrás de la eficacia del árnica, pero los resultados no pueden ser ignorados. El árnica homeopática puede ser parte de los remedios de primeros auxilios que guardes en el clóset.

## SAUCE BLANCO (*SALIX ALBA*)

El sauce blanco es un remedio tradicional que ha pasado la prueba del tiempo. Reduce la fiebre, rebaja la inflamación y alivia el dolor de cualquier parte del cuerpo. Se puede comprar como té, extracto líquido o tabletas.

Un estudio llevado a cabo con 200 pacientes que padecían dolor de espalda descubrió que hubo una marcada mejoría en el grupo que tomó sauce blanco en comparación con el grupo placebo, y al grupo que se le administró una dosis mayor tuvo un mayor alivio que el grupo cuya dosis fue menor. Es una hierba excelente para tratar la osteoartritis porque reduce la sensación de dolor y la inflamación que la empeora.

Una de las razones por la cual el sauce blanco es tan bueno para reducir la inflamación es que contiene salicina. Este compuesto se extrajo durante los años 1800 para desarrollar el ácido acetilsalicílico, comúnmente conocido como aspirina. El sauce blanco no funciona con la misma rapidez que la aspirina pero sus efectos son más duraderos.

Y aunque la aspirina es muy efectiva para aliviar el dolor y reducir la fiebre, si se usa en exceso puede provocar problemas digestivos y estomacales. Además, la versión original, el sauce blanco, también alivia la inflamación digestiva y se tolera mejor.

Una prueba doble ciego controlada con placebo sugirió que las propiedades analgésicas del sauce blanco no solo se atribuyen a la salicina. De manera que cuando tomas una medicina que inhibe la sustancia también pierde los demás poderes curativos de la planta. De verdad, ¡la versión completa es mejor que la suma de sus partes!

## Cúrcuma (*Curcuma longa*)

La cúrcuma se ha ganado el reconocimiento como una de las medicinas a base de plantas más efectivas para cualquier tipo de inflamación. Es capaz de reducir la hinchazón en cualquier parte del cuerpo y también de dirigirse al dolor en áreas específicas. Si tratas los síntomas del dolor sin tratar la inflamación, la hinchazón y la presión, se acumulan de manera que el dolor regresa en cuanto dejas de tomar la medicina. Cuando eliminas la inflamación también estás tratando la causa del dolor.

La cúrcuma es una especia que se utiliza en la cocina para añadir color a los platillos. Sin embargo, las propiedades mágicas de esta raíz de color naranja van mucho más allá de su capacidad para mejorar la apariencia de un platillo. La cúrcuma contiene un compuesto llamado curcumina. Este químico natural ha sido investigado docenas de veces y siempre muestra más características analgésicas sorprendentes. La cúrcuma se usa para tratar osteoartritis, artritis reumatoide, dolores de espalda, malestar menstrual, dolores de cabeza y cualquier otra condición ocasionada por la inflamación. También es excelente para desintoxicar el hígado.

Un estudio indio llevado a cabo en 2013 demostró que la cúrcuma es eficaz y segura para tratar y sanar el dolor. Se administró un placebo, extracto de cúrcuma, glucosamina o una mezcla de glucosamina y cúrcuma a 120 pacientes con osteoartritis. El grupo que tomó cúrcuma fue el que mostró una mayor mejoría en una serie de reconocimientos clínicos.

La reacción de la cúrcuma en el cuerpo es más potente cuando se consume junto con algún tipo de grasa. Una preparación tradicional sería un platillo con curry que contenga la especia y crema de coco. También puedes mezclar cúrcuma con aceite de coco en un *smoothie* o añadir una cucharadita al yogur. Usa soya orgánica, almendras o yogur de lácteos y procura no usar una presentación baja en grasas o sin grasas.

## GARRA DEL DIABLO
### (*HARPAGOPHYTUM PROCUMBENS*)

Aunque el nombre no es muy celestial, la garra del diablo es un remedio muy eficaz para el dolor. (El nombre se debe a su aspecto físico: tiene púas puntiagudas en círculo que parecen una garra siniestra). Toma garra del diablo de ocho a doce semanas y comenzarás a ver mejoras en los niveles de flexibilidad de las articulaciones y del dolor.

Un estudio de más de cuatro meses de duración llevado a cabo con 122 personas comparó la garra del diablo con un medicamento muy usado para tratar la artritis.

Las personas que tomaron la hierba reportaron los mismos niveles de alivio del dolor que aquellos que tomaron el medicamento, pero con menos efectos secundarios. Otro estudio comparó a 38 personas que tomaron garra del diablo con otras 35 que tomaron la medicina Vioxx durante un año. Ambos grupos reportaron el mismo nivel de alivio del dolor. No obstante, es necesario destacar que dicha medicina fue retirada del mercado en 2004, pues estaba relacionada con riesgo de ataque cardiaco y accidente cerebrovascular. Por otro lado, la garra del diablo se ha usado durante cientos de años y es segura y bien tolerada.

Yo (Robert) prefiero la garra del diablo en forma de extracto líquido porque siento que contiene más energía que las presentaciones en tableta o cápsula. Haz caso a la voz de tu intuición y ve si sientes lo mismo que yo. Suelo prescribir media cucharadita (2.5 ml) tres veces al día. Recuerda que es mejor tomar las hierbas en forma líquida con un poco de agua justo después de comer.

## HIERBA DE SAN JUAN
### (*HYPERICUM PERFORATUM*)

Por lo general se considera que la hierba de San Juan es un remedio para el estrés y la depresión. Es una hierba maravillosamente estimulante que aumenta de manera natural los niveles de serotonina del cuerpo. Al aumentar las hormonas del bienestar se experimenta mayor gozo en el día, lo cual, por sí solo, es sanador. Si queremos recorrer el camino que nos lleve a tener un cuerpo libre de dolor, es necesario encontrar primero la felicidad.

Además de elevar la energía y la vitalidad, la hierba de San Juan también trata dolores nerviosos. Ese tipo de dolor puede ser muy agudo, penetrante y repentino; sentirse como hormigueo; o provocar una sensación de adormecimiento. Según un estudio realizado en 2013, publicado en la revista *Phytomedicine*, la hierba de San Juan ayuda a bloquear las vías del dolor y es un tratamiento excelente para la migraña.

Esta hierba también puede ayudar a personas que han padecido alguna amputación y experimentan dolor del miembro fantasma causado por señales nerviosas malinterpretadas. Recuerdo (Robert) que a una paciente le habían cortado un dedo, pero seguía sintiendo que la punta del dedo le hormigueaba y tenía una gran necesidad de rascarse. Después de unas semanas de tomar la hierba de San Juan por fin me contó que la molestia había desaparecido.

Nos encanta trabajar con el extracto de la hierba de San Juan, en especial como líquido o tintura. Un producto de buena calidad es de color rojo intenso, lo cual simboliza la protección y seguridad que proporciona. El extracto de hierba de San Juan tiene algo que no tiene precio. Es como la felicidad embotellada. Te saca del caos y el drama, te estimula de manera que obtienes una perspectiva diferente sobre cómo sanar. Sin embargo, dichas cualidades solo están presentes en la presentación líquida, al parecer, las tabletas y las cápsulas no tienen este componente energético. Toma siete gotas tres veces al día. Tu alma estará renovada en menos de una semana. Comenzarás a sonreír más y el dolor se aliviará. Tómala de dos a tres meses o como te indique tu intuición.

La fórmula homeopática también es maravillosa: prueba *Hypericum* 12CH para dolor nervioso.

En cuanto te tomas la hierba de San Juan, el arcángel Rafael trabaja contigo y con tus guías en tu camino de sanación. Te mostrará formas de cambiar tu postura y tus hábitos para dormir para que tu cuerpo esté más cómodo. Confía en tu intuición y ten el valor para hacer los cambios necesarios.

Otro de mis pacientes (de Robert), tenía dolores de espalda crónicos. Padecía dolor constantemente y solía estar encorvado con mucha molestia. Trabajaba como repartidor de agua y tenía que cargar enormes garrafones de agua y repartirlos todos los días a casas y oficinas. El dolor desapareció después de que comenzó a tomarse la hierba de San Juan; también mejoró su postura y reconoció que su trabajo le causaba más dolor que gozo. Su sueldo no valía la agonía física. Sus ángeles le guiaron hacia una oportunidad como oficial de ambulancia, así que ahora él guía a otros hacia una vida larga y sana.

Precaución: la hierba de San Juan tiene importantes interacciones con algunos medicamentos, como ciertos antidepresivos, estatinas y anticonceptivos. Si estás tomando medicamentos pregunta al médico antes de que empieces a tomar la hierba de San Juan.

## VIBURNO O BOLA DE NIEVE (*VIBURNUM OPULUS*)

A pesar de que aún no se han realizado estudios científicos sobre el viburno, tiene un largo historial de éxito y ha demostrado su poder sanador en manos de muchos herbolarios. El viburno hace que los músculos liberen la tensión.

Cuando tomas viburno eres capaz de soltar; la tensión, las emociones viejas, el dolor, la incomodidad y los prejuicios simplemente se disipan. Es una hierba maravillosa y comienza a funcionar de inmediato. Toma diez gotas tres veces al día y sentirás la diferencia.

Tu cuerpo posee una inteligencia innata y sabe las prioridades de tu viaje hacia la sanación. Le llamamos "la dirección de la cura". Obviamente, tu cuerpo quiere sanar primero los órganos internos antes de preocuparse por las condiciones de la piel (¡aunque sientas que ese salpullido es la ruina de tu existencia!). De la misma manera, tu cuerpo se centra en sanar los asuntos mentales y emocionales antes de ahondar en los físicos. Lo cual tiene todo el sentido del mundo porque, si estás deprimido o incluso si quieres suicidarte, ¿te sentirías más feliz porque no te duele la espalda? Es posible que contestes, "¡Claro que sí!". Aunque quizá esas emociones vivas hayan ocasionado el dolor en un principio.

El viburno te conduce en el camino hacia la curación. Te conecta con tu Ser Superior y determina qué necesitas soltar primero. Si comienzas a tomarlo y sientes un repentino deseo de hablar con un viejo amigo, haz caso a ese sentimiento. Puede ocasionar una profunda sanación.

El camino de cada persona es único, de manera que no podemos decirte cómo será el efecto que el viburno tenga en ti. Por ello es que la ciencia sigue luchando con esta hierba, pues funciona a un nivel que va más allá de solo químicos y compuestos. Posee una inteligencia superior que le habla a tu cuerpo en un nivel profundo.

## CORYDALIS (*CORYDALIS AMBIGUA*)

Se dice que es una de las plantas analgésicas más fuertes en toda la medicina herbolaria. Los estudios han demostrado que es efectiva contra el dolor inflamatorio, agudo y crónico. Pertenece a la familia de la amapola, como el opio, pero sin los efectos secundarios ni el peligro de adicción. Un investigador descubrió que la corydalis tiene el diez por ciento de la potencia del opio (¡que es mucho!) y el alivio del dolor dura aproximadamente dos horas.

Es una raíz tuberosa y resistente que cuesta mucho trabajo descomponer para formar un polvo, lo cual indica que es mejor usarla en casos de dolor fuerte, cuando otras hierbas no han funcionado. Es efectiva para aliviar muchos tipos de dolor, como artritis, dolor de espalda, de cuello y menstrual. Los estudios sugieren que el compuesto analgésico de la corydalis no pierde su efectividad después de usarla durante periodos largos, a diferencia de otras opiáceas, como la morfina, de manera que es una maravilla para aliviar el dolor crónico. No olvides preguntar al médico para asegurarte de que no interfiera con otros medicamentos.

Te sugerimos que uses esta hierba durante uno o dos meses para controlar los síntomas. Y después usa otra cosa que te ayude de manera diferente. La corydalis alivia el dolor pero no la tomes durante mucho tiempo. Recomendamos tomarla durante menos de tres meses. Energéticamente las hierbas quieren estar contigo en el corto plazo. Cuando han eliminado el dolor de tu cuerpo, ya no son necesarias. No son tratamientos preventivos.

Comienza con una dosis grande de dos cucharaditas (10 ml). Luego, durante la primera semana, toma media cucharadita (2.5 ml) tres veces al día y después poco a poco reduce la dosis cada día. El ego puede decirte que el dolor va a regresar, pero recuerda que las hierbas medicinales no son como los analgésicos de farmacia. Las hierbas funcionan en tu cuerpo de manera holística para reparar y fortalecer, en lugar de solo disfrazar los síntomas.

El dolor desaparecerá de tu aura de manera que, cuando dejes de tomar las hierbas, puedas seguir sintiéndote cómodo en tu maravilloso cuerpo.

## Suplementos recomendados

Hemos descubierto que los siguientes suplementos son muy útiles para mucha gente en el manejo del dolor. Como ya hemos dicho, si tienes una condición médica preexistente, estás tomando medicamentos o vas a iniciar un tratamiento, busca la opinión de un médico antes de probar cualquier suplemento.

Toma los suplementos con la comida, a menos que las instrucciones de uso indiquen otra cosa. Suele ser mejor tomar suplementos justo antes de comer (a diferencia de los remedios de hierbas, que es mejor tomarlos después de comer).

### S-ADENOSIL METIONINA (SAM)

La SAM es uno de mis tratamientos favoritos (de Robert) para la depresión, la tristeza y el estrés. Funciona increíblemente rápido y suelo compararlo con un interruptor de luz —ilumina la habitación y elimina la oscuridad—. He visto que este producto es capaz de ayudar a la gente en sus momentos más oscuros y, en cuestión de días, estimula el ánimo de los pacientes con depresión. Cuando tomas SAM, el mundo se vuelve un lugar mejor. Te ríes más y es una risa real, genuina.

La SAM también es excelente para aliviar el dolor, aunque no se sabe a ciencia cierta cómo funciona. El cuerpo produce S-adenosil metionina de manera natural. Tomarla como suplemento reduce la inflamación y estimula a las hormonas del bienestar. Los estudios han demostrado que la SAM es tan efectiva como algunos medicamentos antiinflamatorios no esteroideos, sin los efectos secundarios comunes ni los riesgos cardiovasculares que conllevan otros medicamentos. Uno de los únicos problemas de la SAM es el precio alto. Al ser un producto muy inestable, requiere muchos procedimientos de control de calidad, lo cual incrementa el costo. Aunque, de verdad, ¡bien vale la pena!

Cuando se trata de SAM, la dosis es clave. Debido a los altos costos de fabricación, muchos productos al por menor contienen bajos niveles del compuesto. Recuerda que vas a necesitar de 800 a 1200 mcg al día para sentir alivio. (Se toma en dosis de 400 mcg dos o tres veces al día). La mayoría de las píldoras de SAM tienen una capa entérica para evitar que se descompongan en el estómago; son descompuestas en el intestino delgado. Por lo tanto es importante no romper las tabletas para que no se degraden.

Los productos de SAM de buena calidad contienen cofactores para ayudar a la absorción, como zinc y vitaminas del grupo B. Aunque seguramente querrás tomar mayores cantidades de SAM, quizá no quieras ingerir demasiada cantidad de los demás ingredientes del suplemento. Consulta a un profesional del cuidado de la salud o naturópata para que te asesore.

Advertencia: se sabe que la SAM interactúa con algunos medicamentos, como los antidepresivos, y no se recomienda para ciertas condiciones, como el desorden bipolar. Antes de tomar este suplemento pregunta a un profesional de la salud.

## OMEGA-3

Los ácidos grasos omega-3 se encuentran en el aceite de pescado y ciertos aceites vegetales. Los omega-3 son considerados grasas esenciales porque el cuerpo no puede producirlos y debemos consumirlos en la dieta. El aceite de pescado contiene el ácido docosahexaenoico (DHA) y el ácido eicosapentaenoico (EPA). Algunos aceites vegetales contienen ácido alfa linolénico (ALA) que el cuerpo puede convertir en DHA y EPA.

Se han realizado una gran cantidad de estudios que apoyan el uso del aceite de pescado para tratar el dolor. Además, lubrica las articulaciones y reduce la inflamación en el cuerpo. Mucha gente ha descubierto que, después de tomar aceite de pescado durante unos meses, es capaz de reducir o eliminar la necesidad de tomar medicamentos para el dolor. No olvides leer las etiquetas para verificar que obtienes una cantidad suficiente de omega-3. Quizá necesites 2000 mg de EPA al día o más, dependiendo de tu salud y de tu condición física. Sin embargo, la fuente del aceite de pescado puede influir en sus propiedades para la salud. Por ejemplo, si proviene de un pescado grande como el atún, la caballa o el bacalao, puede contener niveles demasiado altos de mercurio.

Una opción sana que no contiene mercurio es el aceite de linaza. Como mencionamos, este aceite contiene ALA, que es descompuesto por el cuerpo y convertido en EPA y DHA. Los suplementos de aceite de linaza suelen tener entre 52 a 62 por ciento de omega-3, mientras que el aceite de pescado solo contiene el 30 por ciento. Tanto para tu cuerpo como para el medio ambiente es mejor consumir aceite de linaza. La encuentras comercializada como líquido o cápsulas; solo ten en cuenta que algunas marcas deben refrigerarse para evitar que se pongan rancias. La dosis ideal es dos cucharaditas al día o 10 000 mg repartidos en dos o tres dosis.

## Metilsulfonilmetano (MSM)

El metilsulfonilmetano es un compuesto del azufre que se ha usado para tratar una amplia gama de condiciones. Bloquea el mensaje de dolor en las fibras nerviosas. Ayuda cuando hay hinchazón, inflamación y líquidos al mejorar los compuestos antiinflamatorios naturales del cuerpo. Algunas personas sienten que el MSM previene la degeneración del cartílago, lo cual es importante en términos de alivio duradero y mejoría a largo plazo en pacientes de artritis. Una prueba mostró una reducción del 25 por ciento en el dolor y una mejoría del 30 por ciento en el rango de movimiento en pacientes que tomaron MSM durante tres meses.

La dosis sugerida para empezar es de 1.5 a 3 g al día, después se debe aumentar gradualmente hasta 3 g dos veces al día para un dolor más intenso.

## MAGNESIO

El cuerpo utiliza magnesio de diferentes maneras, incluyendo la función nerviosa, el control de glucosa en la sangre y la regulación de la presión arterial. El magnesio también se usa en absolutamente todas las contracciones de los músculos, de manera que, mientras más ejercicio haces, más magnesio necesitas. (Por ello es tan recomendable que los deportistas lo tomen). Aunque la gente suele pensar que este suplemento es solo para calambres musculares, el magnesio también alivia la tensión general del cuerpo y ayuda a manejar el dolor de distintas formas.

Muchas personas que padecen dolor reportan terribles patrones de sueño y suelen dar muchas vueltas en la cama. El magnesio ayuda a calmar al sistema nervioso y promueve el sueño reparador. Aunque no es inductor del sueño, permite que tu cuerpo se relaje lo suficiente como para caer como tronco y obtener el sanador descanso que necesitas. Como regla general, recomendamos ocho horas de sueño cada noche para permanecer el tiempo suficiente en los estados más profundos y restauradores, lo cual no se logra en un periodo corto de sueño.

El magnesio también ayuda a bloquear los receptores NMDA, que son componentes importantes en el procesamiento del dolor en el cerebro. Entonces, si tienes una deficiencia en este mineral, tu respuesta al dolor es más exagerada. Aumenta la ingesta de magnesio si eres muy sensible y si incluso el chichón más pequeño te provoca entrar en agonía.

Sugerimos 400 mg de magnesio elemental al día. Hemos descubierto que es mejor tomar el suplemento en la noche, ya que los estudios muestran que alcanza su nivel máximo de absorción seis horas después de la ingesta. De manera que si lo tomas antes de dormir, despertarás con niveles perfectos y una mayor tolerancia al dolor. Tu cuerpo procesará los mensajes de incomodidad de manera más equilibrada y sanadora.

## VITAMINA D

Solemos pensar que la vitamina D es para fortalecer los huesos, pero la ciencia está demostrando que es importante para el sistema inmunológico, los niveles hormonales y la salud de la piel. Un estudio llevado a cabo en 2009 descubrió que la gente con deficiencia de vitamina D necesitaba el doble de medicamentos que las personas con niveles regulares. Por lo tanto, si experimentas dolor crónico considera realizarte una prueba de vitamina D. Así sabrás si necesitas tomar suplementos.

La forma más natural de vitamina D proviene de la luz del sol. Sal durante unos minutos al día. (Pero procura elegir un horario en el que no te quemes y el resto del tiempo usa un buen filtro solar natural). Deja que los efectos sanadores del sol brillen en tu alma. Los rayos viajan una gran distancia antes de llegar a ti. Tu piel absorbe la vitalidad del sol, lo cual ilumina el potencial sanador de tu cuerpo. Tu cuerpo sabe cuál es la mejor manera de sanar y te guiará durante el proceso.

Si haces caso a tu voz interior y a la voz de tus ángeles, serás guiado en el mejor camino para ti.

Si decides tomar suplementos asegúrate de que sean de alta calidad y de origen vegetal. (Casi toda la vitamina D proviene de la lanolina, que se extrae de la piel de las ovejas. La otra fuente principal es el hígado de bacalao). Funcionan mejor en combinación con una grasa, por lo que muchos suplementos incluyen un poco de aceite en las cápsulas para ayudar en la absorción. Si el que tienes no contiene aceite, tómalo con una cucharadita de aceite de coco para obtener un mejor efecto.

Comienza con 1000 IU al día y revisa tus niveles en tres meses. Si tus niveles de vitamina D no están equilibrados todavía, habla con el profesional de la salud para buscar otro tratamiento.

Las hierbas y los suplementos son maravillosos para sanar el dolor, pero debes considerar a tu cuerpo como un todo. No puedes establecer los cimientos para el verdadero bienestar sin una buena nutrición, de la que hablaremos en el siguiente capítulo.

# Capítulo cinco

# Nutrición para terminar con la inflamación y el dolor

Lo que comes y lo que bebes es tan importante para la salud como las medicinas que tomas y las terapias a las que te sometes. Como hemos dicho, si tratas al dolor solo a nivel superficial, no experimentarás un bienestar completo. Cuando trabajas en ti mismo a nivel holístico, los ángeles te ayudan y te proporcionan experiencias mágicas.

La mejor dieta para tu cuerpo se compone de alimentos naturales, principalmente de frutas y verduras orgánicas. Quizá pienses: "¡Eso suena a lo que comía mi abuela!". Bueno, pues tienes razón. Hace 100 años, la comida orgánica no era especial porque ¡era lo único que existía!

La Madre Naturaleza creó la comida de manera perfecta. No hay necesidad de alterar la composición genética de las plantas ni de adulterarlas con químicos creados por el hombre. Pero en la actualidad cultivamos productos en condiciones tales que los venenosos pesticidas y los peligrosos fertilizantes químicos se usan con frecuencia. La comida es envenenada con tóxicos para que dure más tiempo en los estantes y pueda producirse más. Pero pocas personas toman en cuenta los perjudiciales efectos que todo esto representa para el cuerpo humano.

El pensamiento lógico te dirá que comer productos orgánicos es demasiado caro. Sin embargo, cuando evitas la basura procesada y eliges alimentos reales y naturales, recuerdas lo bien que te sientes al disfrutar de alimentos así de sanos. Tu familia y tú no solo disfrutarán más de los sabores sino de los sentimientos que recibirán. En lugar de dejar la fruta en el frutero hasta que se marchite, tu familia se la comerá y querrá más. A nivel subconsciente sabrán que esa comida está sanándolos por dentro.

## Mantén el equilibrio ácido-alcalino en tu cuerpo

La dieta baja en ácido es una manera excelente de terminar con la inflamación crónica del cuerpo. Los alimentos que producen ácido, provocan eso justamente —ácidos metabólicos—. Demasiados ácidos metabólicos generan malestar general y otros problemas de salud. Mucha gente ha experimentado una dramática mejoría con solo alterar lo que come para promover un estado alcalino.

La artritis reumatoide es una de las condiciones que mejor responde a una dieta baja en ácidos. Es más, muchos de mis pacientes (de Robert), han sentido alivio de sus síntomas al dejar de consumir alimentos de la familia de las solanáceas, que contienen alcaloides que provocan inflamación. Algunos miembros de esta familia son papas, jitomates, chiles y berenjenas.

Incluso los procesos metabólicos normales crean ácidos que deben ser eliminados. Por ejemplo, hacer ejercicio crea una acumulación de ácido láctico. Mucha gente ha experimentado el dolor muscular que se presenta uno o dos días después de ejercitarse. En menor escala sucede un dolor similar con el ácido que flota por tu sistema. Si se acumula suficiente entonces lo sientes de manera más consciente.

La artritis y la rigidez de las articulaciones son provocadas por los ácidos que se acumulan en esas áreas. La osteoartritis se caracteriza por el desgaste del cartílago en las articulaciones y puede presentarse en cualquier sitio, como los dedos, las rodillas, las caderas, el cuello y la espalda. En parte es provocado por el uso y desgaste naturales, pero los ácidos atrapados también aumentan la sensación de dolor. Llevar una dieta que cambie el cuerpo a un estado alcalino ayuda a eliminarlos.

Los alimentos ácidos no solo provocan inflamación sino que pueden sacar el calcio de tus huesos, lo cual hace que sean más frágiles y se fracturen con mayor facilidad. El esmalte de los dientes también se vuelve más frágil y es algo que no puede repararse. Si notas señales de baja densidad ósea, como osteoporosis u osteopenia, por favor, revisa tu dieta.

Es buena idea buscar una lista completa de alimentos alcalinos y ácidos. Para empezar recuerda que la mayoría de las verduras de hoja verde y de las frutas son alcalinas, al igual que los tubérculos y las verduras crucíferas. Entre los alimentos buenos que puedes incorporar a tu dieta están el ajo, el vinagre de sidra de manzana, la pimienta de cayena, la canela, el jengibre y las almendras. Entre las sustancias que producen ácido y que debes evitar están los alimentos fritos, la carne animal, el azúcar, los lácteos, los cereales refinados, la harina blanca, los endulzantes artificiales, el café, los refrescos y el alcohol.

## LIMONES Y ALCALINIDAD

Aunque parezca lógico pensar que los cítricos provocan ácido en el cuerpo, en realidad se convierten en el sistema y promueven un estado alcalino. El limón es uno de los alimentos mágicos que ayuda en muchas áreas de la salud. Es un gran antioxidante, protege a las células del daño, previene el crecimiento celular anormal y reduce la inflamación. A primera hora de la mañana disfruta de un limón orgánico fresco exprimido en un vaso de agua tibia para preparar la digestión y ayudar a que tu cuerpo se deshaga de los ácidos.

Si tienes una licuadora potente puedes usar el limón entero, con todo y cáscara, en lugar de solo el jugo, pero lávalo muy bien antes de usarlo. No obstante, quizá te lleve un poco de tiempo acostumbrarte al sabor, de manera que puedes empezar por añadir una o dos rebanadas al agua. Una vez que te familiarizas con el sabor puedes añadir más hasta incluir un limón completo al día. Es un maravilloso limpiador, te sentirás más ligero y con mayor claridad tan solo unos días después.

## Aumenta las endorfinas, el analgésico de tu cuerpo

Cuando te lastimas, el cuerpo libera su propio analgésico: las endorfinas. Este neurotransmisor bloquea la vía del dolor que se dirige hacia el bulbo raquídeo y es una sustancia que se produce de manera natural y tiene un efecto similar a los opiáceos, como la morfina. Mientras más endorfinas haya en todo el cuerpo, experimentas menos dolor.

Las endorfinas se producen a partir de los aminoácidos, que son componentes naturales necesarios para el bienestar. El cuerpo es capaz de sintetizar algunos, pero otros deben provenir de la dieta. Cuando consumes alimentos ricos en proteínas, el cuerpo las descompone y forma la gama completa de aminoácidos.

Algunas fuentes veganas de proteínas son:

- Soya (orgánica, para evitar los químicos y la soya genéticamente modificada)
- Proteína de arroz (solo orgánica)
- Proteína de chícharo
- Almendras (incluyendo leche y mantequilla de almendras)
- Quinoa
- Lentejas
- Frijoles

Algunas fuentes no veganas de proteínas que debes consumir con moderación, son:

- Lácteos
- Huevos (de gallinas de granja)
- Proteína de suero de leche (proteína de whey)

Elije solo variedades orgánicas que no estén genéticamente modificadas y procura comer proteínas en cada comida para adquirir los aminoácidos adecuados. Además, consumir una amplia variedad de frutas y verduras orgánicas te ayuda a nutrir tu sistema de manera sutil.

Si tu dieta no te proporciona suficientes aminoácidos, quizá necesites tomar suplementos durante un tiempo corto. La fenilalanina es un aminoácido esencial y excelente para ayudar en el manejo del dolor porque ayuda a prevenir la descomposición de las endorfinas, lo cual prolonga su efecto. Existen dos tipos de fenilalanina: D y L. La L-fenilalanina es la versión natural presente en las proteínas mientras que la D-fenilalanina es sintetizada en el laboratorio. La L-fenilalanina se sintetiza más rápidamente, sin embargo, en personas sensibles puede ser sobreestimulante, de manera que pon atención a tu estado de ánimo, niveles de ansiedad y ritmo cardiaco. Comienza con 500 mg dos veces al día. Y, si tu cuerpo la tolera, puedes aumentar a tres veces al día solo durante un mes antes de reducir a 500 mg una vez al día. Dentro de la primera semana debes notar importantes cambios en los niveles de dolor.

Queremos enfatizar que el suplemento de fenilalanina no es una cura verdadera. Más bien ajusta tus reacciones a la sensación de dolor. La disfunción subyacente puede seguir presente, pero podrás centrarte en la verdadera sanación una vez que los síntomas estén controlados. Dale un vistazo a este tratamiento a corto plazo al mismo tiempo que trabajas en la causa del dolor.

## Alergias e intolerancias alimentarias

Si consumes una gran cantidad de cualquier alimento, tu cuerpo se cansa de él. De hecho, puedes desarrollar intolerancia a lo que sea. Si en cada comida consumes jitomates es muy probable que algún día tengas una mala reacción a ellos. Por ello es que los naturópatas advierten a sus clientes sobre la importancia de llevar una dieta rotativa. Después de comer algo es sensato no volver a consumirlo durante varios días. Procura siempre probar alimentos nuevos. No te limites a un tipo de comida y los mismos ingredientes. Todos tenemos alimentos favoritos, pero también necesitamos saber qué es óptimo para nuestro cuerpo.

Consumir algo a lo que eres alérgico produce inflamación. Esto provoca todo tipo de problemas de salud —dolor muscular, fatiga, dolor de cabeza y problemas en la piel— pero también provoca producción de endorfinas. Es una situación complicada. Por un lado, el alérgeno está dañando tu cuerpo. Por otro lado provoca que produzcas endorfinas, lo cual te hace sentir bien —¡de manera que tu cuerpo quiere más!—. Es fácil desarrollar una relación perjudicial con una sustancia a la que eres alérgico. Sé consciente de que solo se producen esas hormonas del bienestar para ayudar a tu cuerpo a manejar el daño provocado por la dieta que consumes.

## Elimina los malos hábitos alimenticios con la ayuda de tus ángeles

Invoca a tus ángeles para que te ayuden a deshacerte de cualquier adicción que sea perjudicial. En nuestro libro anterior, *Angel Detox*, aseguramos que las personas que rezan cuando intentan renunciar a un alimento o bebida reciben intervención Divina. Puede ser que en un principio la ayuda no sea una señal obvia pero, poco a poco, los antojos cesan. La gente logra abstenerse de alimentos y bebidas que antes no hubiera podido. Después de pedir la ayuda de sus ángeles son capaces de mandar a volar esos elementos para siempre.

Para pedir la ayuda de los ángeles busca un lugar tranquilo en el que nadie te moleste. Empieza concentrándote en tu respiración y tranquiliza tu mente. Cuando te sientas más cómodo, piensa o di en voz alta:

"Dios, Jesús y arcángel Rafael, les pido su ayuda. Por favor estén conmigo ahora que hago este compromiso por mi salud. Deseo eliminar todo el dolor de mi vida y, para hacerlo, sé que necesito deshacerme de estas adicciones. Por favor, guíenme a través de este proceso de sanación. Confío en ustedes y sé que solo quieren lo mejor para mí. Gracias".

Ahora, visualiza que los elementos que quieres eliminar merodean por encima de tu estómago. Puedes ver hilos finos, como telarañas, que unen esos alimentos y bebidas a tu cuerpo. La energía verde esmeralda de sanación de Rafael disuelve esos hilos y corta esas adicciones para eliminarlas de tu vida.

Quizá notes sensaciones que te recorren el cuerpo, quizá sientas que Rafael está eliminando tu dolor. Sin importar que experimentes de manera consciente cualquier sensación, la sanación está sucediendo. Los ángeles solo necesitan tu permiso para intervenir en tu vida. Una vez que lo tienen pueden obrar sus milagros de sanación. Desde este momento el arcángel Rafael estará a tu lado, guiándote para que tu vida no tenga dolor.

El arcángel Rafael es el sanador supremo y jamás nos juzga por nuestros hábitos. Trabaja contigo de manera compasiva para liberarte de cualquier elemento nocivo. Tú solo los dejarás ir y no volverás a verlos como opción. Es posible que te atiborres por última vez para nunca volver a mirar hacia atrás. O quizá descubras que tus gustos cambian y no vuelves a experimentar los mismos antojos. Como sea que pase, confía en que la intervención Divina está funcionando y que tus ángeles están contigo.

También notarás diferencias cuando salgas a comer con amigos o con tu familia. Aunque antes hayas pedido algunos platillos del menú, ahora vas a querer otros más naturales y nutritivos. Al cocinar en casa tendrás una nueva inspiración y crearás platillos deliciosos. La voz de tu intuición habrá despertado y sabrás que los ángeles están trabajando.

## El poder sanador del agua

Una persona promedio puede sobrevivir sin alimento durante semanas, pero solo unos cuantos días sin beber agua. Es esencial para que estés sano, feliz y sin dolor.

A través de los procesos metabólicos generales, el cuerpo pierde más de un litro (4.2 tazas) de agua cada día. Cuando no bebes suficiente para reponer dicha pérdida, el cuerpo se aferra a todo el líquido que puede, por lo que reducir la hinchazón se vuelve todo un reto. Mientras más bebes, más fácil es para el sistema eliminar las toxinas y los compuestos inflamatorios.

El cerebro es el centro del sistema nervioso y necesita agua para funcionar adecuadamente. Mantenerte hidratado es esencial para que las funciones corporales operen con fluidez. De otra manera, te sentirás fatigado e incapaz de concentrarte. Se volverá más difícil tener pensamientos positivos y amorosos, tu estado de ánimo será depresivo y tu conexión con los ángeles puede deteriorarse. Si le das a tu cuerpo y a tu cerebro el agua que necesitas disfrutarás de pensamientos agradables y de un vínculo estable con el reino angélico.

La gente suele confundir la sed con hambre y come en lugar de darle a su cuerpo el agua vital. Cuando sientas que tienes "hambre", espera un momento y sintoniza con tu cuerpo. Tómate un vaso de agua y ve si la sensación desaparece después de cinco minutos. ¡Te sorprenderá la manera en que el agua satisface tus antojos!

Medir la ingesta de agua te permite estar seguro de que hidratas tu cuerpo de manera regular. Que tu objetivo sea beber 30 ml de agua por kilogramo de peso. Consigue una botella de acero inoxidable o de vidrio para llevarla contigo durante el día, y recuerda rellenarla regularmente.

La ingesta de agua puede ser más divertida si le añades un poco de jugo de naranja orgánica recién exprimido o rebanadas frescas de limón orgánico verde o amarillo. Mézclalos con hojas de menta orgánica para refrescarte durante un día de calor.

## La calidad del agua que bebes

Así como es importante beber cantidades adecuadas de agua, también es importante la calidad de la fuente. Aquí tienes un sencillo experimento: fíjate en la frecuencia con la que tienes que ir al baño. Después de beber un vaso grande, ¿sientes la necesidad de ir al baño solo 30 minutos después? Cuando el agua es de buena calidad no necesitas ir durante una hora o más y, cuando lo haces, liberas menos de lo que bebiste. Esto prueba que el agua no solo pasó por tu cuerpo sino que los procesos metabólicos esenciales hicieron buen uso de ella.

Investiga la calidad del agua del grifo del lugar donde vives —quizá te sorprenda lo mala que es—. Si decides beber agua embotellada investiga los procesos que se siguen para recolectarla, pues muchas marcas de agua contienen químicos. La mejor opción es el agua de manantial natural que casi no se ha manipulado, obtenida de una fuente subterránea y puesta directamente en la botella. Así no contiene los químicos o contaminantes que sí están presentes en el agua tratada. El agua sin procesar mantiene los minerales y los elementos que necesita tu cuerpo. Existen muchas compañías buenas que llevan agua de manantial a domicilio. Asegúrate de que las botellas sean de plástico sin BPA (en el siguiente capítulo hablaremos de los peligros del BPA).

Revisa el análisis mineral del agua para verificar que no tenga solo sodio y cloro. Aunque se necesita cierta cantidad de sodio, no debe ser el único mineral presente. El agua con buena calidad también contiene pequeñas cantidades de calcio, magnesio y potasio, lo cual ayuda a que el cuerpo absorba y use el agua que bebes. Por ello es que el agua purificada y la destilada, aunque son mejores que la del grifo, no lo son del todo. Pueden parecer "limpias" pero han sido procesadas para retirar todos esos minerales. Puedes hacer lo siguiente: filtra el agua y luego añade sal para recuperar los minerales. Ten en cuenta que la mayoría de las sales de mesa son refinadas, lo que les quita también dichos minerales. Es importante usar sales de buena calidad, como la celta, del Atlántico, del Himalaya o del mar Muerto. Añade una pequeña pizca a la botella de agua y agita bien.

## MANTÉN EL EQUILIBRIO ELECTROLÍTICO DE MANERA NATURAL

Los electrolitos son minerales especiales que el cuerpo necesita para la función nerviosa y muscular; para hidratación, regulación del pH de la sangre y la presión arterial, y para reconstituir el tejido dañado. Los electrolitos se pierden al sudar y, cuando hay deficiencia puedes experimentar dolor, espasmos musculares y mareos.

Yo (Robert) experimenté esos síntomas después de un fuerte entrenamiento en el gimnasio. Primero pensé que era deficiencia de magnesio y, durante varias semanas, usé un suplemento de buena calidad. Noté un ligero cambio pero no se iba todo el dolor. Sentía que en el gimnasio me estaba haciendo más daño que bien. De manera intuitiva supe que se debía a otra cosa.

Mi dispensario naturópata está bien surtido, de manera que tengo una gran cantidad de suplementos y medicinas herbales a mi disposición. Pero mis ángeles me decían que ninguno era la respuesta a mi situación. Medité y recé para que el cielo me ayudara a descubrir la causa. ¿Qué me ocasionaba tanto malestar y noches sin poder dormir?

Los ángeles me dijeron que estaba quedándome sin electrolitos. Confié en su mensaje porque, además, ¡tenía sentido! Cuando haces ejercicio, sudas y así pierdes muchos de esos minerales necesarios. Por eso es que las bebidas energéticas los contienen, aunque no iba a tomar ninguna "bebida energética" que tuviera colorantes, saborizantes y endulzantes artificiales. Empecé a buscar sustitutos naturales pero no existen muchos suplementos que sean comerciales. Hay frutas ricas en electrolitos, como el limón verde y amarillo, así que empecé a añadirlo al jugo que bebo en las mañanas y noté una gran diferencia en cómo me sentía.

Los ángeles también me guiaron para que usara la sal del Himalaya. La sal del Himalaya, celta, del Atlántico y del mar Muerto contienen los electrolitos necesarios y solo hay que añadir una pizca muy pequeña a la botella de agua. No sabe demasiado salada y además puedes añadirle más sabor con una rebanada de limón verde o amarillo, lo cual agrega aún más beneficios.

Ahora, cuando hago ejercicio tengo mayor resistencia. Mi cuerpo hace lo que mi mente le indica que haga y tengo sesiones intensas sin padecer dolor al día siguiente. Entonces, trata de mantener el equilibro de electrolitos de manera natural y experimentarás mayor bienestar.

———◦❀◦———

Algunas veces, hacer cambios en el estilo de vida parece todo un reto, pero es por tu propio bien. ¿Qué estás dispuesto a hacer para eliminar el dolor para siempre?

Nosotros llevamos a cabo muchas de las prácticas de este libro y hemos escuchado testimonios conmovedores de clientes de todo el mundo. Cuando haces el esfuerzo, tu vida cambia de maneras milagrosas. Cuando decides sanarte, permites que el milagro suceda. Al dar los pasos necesarios y purificar tu vida eliminando los químicos, le demuestras al universo que tomas en serio tu bienestar y que estás listo para vivir sin dolor.

## Capítulo seis
# Desintoxícate para liberar el dolor

Tu cuerpo es el vehículo que tienes en la Tierra. Para obtener lo mejor de él es necesario que lo cuides. Si constantemente le pones gasolina de mala calidad, ¿cómo quieres que tenga la vitalidad que deseas? Es como tu coche —si le das un buen mantenimiento, funcionará bien—. Con la desintoxicación, o detox, eliminas sustancias de tu vida que impactan de manera negativa en tu vitalidad. Durante la desintoxicación se toman hierbas y suplementos para ayudar en el proceso de limpieza.

Las toxinas provocan inflamación, lo cual conduce al dolor y a la enfermedad. El procedimiento a seguir es sencillo: elimina las toxinas para eliminar el dolor. No es necesario que te sometas a una limpieza severa o restrictiva. De hecho, te darás cuenta de que disfrutas la desintoxicación porque tu cuerpo se siente muy bien.

Elimina las sustancias que te causan daño. ¿No crees que vale la pena? En este momento, el ego quizá esté diciéndote que no "tienes que" hacerlo. Pero, ¿y si te das la oportunidad de intentarlo? En lugar de llenar tu cuerpo de medicamentos para sobrevivir durante el día, ¿no sería mejor deshacerte de las sustancias, las relaciones y los hábitos nocivos? Creemos que sí. Nos apasiona llevar una vida limpia y saludable porque hemos sentido los beneficios en carne propia. Quizá pienses que estarás renunciando a algo —pero en realidad, estarás ganando mucho más.

Si has tomado medicinas durante mucho tiempo es necesario realizar una limpieza de hígado. (En este capítulo recomendamos hierbas para hacerlo). Sin embargo, es importante señalar que la limpieza de hígado elimina rápidamente de tu cuerpo cualquier medicamento que estés tomando, lo cual puede exacerbar la condición para la que lo tomas. Es esencial que lo hagas bajo supervisión. Trabaja con un profesional del cuidado de la salud en quien confíes y que tenga buen conocimiento de tu condición y de las medicinas, y que también desee ver que vives sin dolor.

## Hierbas medicinales específicas para liberar toxinas

Las siguientes hierbas son conocidas por su capacidad limpiadora. En la medicina herbolaria, la acción que ejercen se llama "alteradora" o "depuradora", lo cual significa que limpian la sangre. Ayudan en la desintoxicación al facilitar la eliminación de productos de desecho y previenen que las toxinas metabólicas se acumulen en el cuerpo. Al eliminar esas toxinas también te deshaces de la inflamación.

**Amor de hortelano** (*Galium aparine*) es una hierba que llega muy profundo para limpiar las toxinas de la matriz extracelular. Muchas hierbas limpiadoras remueven toxinas de la matriz extracelular, que es el líquido que rodea las células. Pero, el amor de hortelano elimina desechos del interior de las células y ayuda al cuerpo a liberarlas.

Es una hierba altamente limpiadora. Purifica los orígenes del dolor que has tenido durante años. Pero también hay que tomarla con cuidado. Si nunca te has desintoxicado mejor intenta otros métodos antes de usar el amor de hortelano. Si tu cuerpo guarda viejos desechos metabólicos, es posible que, al desintoxicarte experimentes síntomas y efectos secundarios.

**Bardana** (*Arctium lappa*) despeja las toxinas del cuerpo al liberarlas por medio del tracto urinario. Es efectiva para aliviar las molestias y el dolor ocasionados por la gota. Ayuda en condiciones ácidas, como artritis, dolor durante el ejercicio e inflamación. Saca las viejas toxinas y los ácidos que se han acumulado en el cuerpo. Esos productos de desecho pueden provocar problemas en la piel, así que esta hierba le ayuda a tu cuerpo a limpiarse a sí mismo.

**Bérbero** (*Berberis vulgaris*) ayuda a sanar el estómago y le da fuerza y tono al sistema digestivo. Esto provoca que sea más difícil la absorción de toxinas al torrente sanguíneo. También estimula al hígado y ayuda al cuerpo a deshacerse de químicos nocivos.

El sabor del bérbero no es muy agradable. No obstante, parece que provoca los mejores efectos curativos una vez que eres capaz de tolerar su sabor amargo. Entonces, para aprovechar mejor sus beneficios, tómalo mezclado con agua en lugar de con jugos de sabor fuerte.

**Equinácea** (*Echinacea angustifolia* o *Echinacea purpurea*) es una de las hierbas más conocidas en todo el mundo. Estimula al sistema inmunológico y envía a los leucocitos a buscar elementos dañinos. Circula a través del sistema linfático y ayuda a eliminar las toxinas del cuerpo. Ayuda también al cuerpo a reparar cualquier daño.

**Gotu kola** (*Centella asiatica*) ayuda suavemente a que la circulación llegue a la parte superior de la cabeza. Descompone el tejido cicatricial, por lo que reduce la inflamación y aumenta la flexibilidad. También equilibra al sistema nervioso y brinda claridad, pues nutre al cerebro. (Hay leyendas de antiguos emperadores que comían una hoja de gotu kola al día y llegaban a cumplir 200 años de edad).

**Lengua de vaca** (*Rumex crispus*) elimina las toxinas a través de los intestinos. Úsala en dosis pequeñas; en mayores cantidades tiene un efecto laxante. Se usa en el tratamiento de afecciones de la piel e inflamación intestinal pues, si el cuerpo es incapaz de liberar toxinas a través de los intestinos, las reabsorbe hacia el torrente sanguíneo, lo cual puede causar problemas en la piel. También es útil para la artritis que ocasiona irritación y dolor en la piel alrededor de las articulaciones.

**Lirio azul** (*Iris versicolor*) libera la acumulación de toxinas en el sistema linfático y reduce la inflamación. Ayuda a la linfa, el líquido en el cuerpo responsable de la inmunidad, a circular con mayor facilidad. Las toxinas son procesadas en el hígado y eliminadas de los intestinos. Esta hierba también ayuda a equilibrar la hidratación y funciona muy bien para aliviar molestias crónicas de la piel.

**Ortiga** (*Urtica dioica* o *Urtica urens*) es una hierba muy efectiva para desintoxicar. Su extracto contiene vitaminas y minerales que promueven la producción de glóbulos sanos. La ortiga sale del cuerpo a través de la piel, de manera que haz ejercicio cuando estés tomando esta hierba para eliminarla por medio del sudor.

Históricamente, la gente se golpeaba en la piel desnuda con la ortiga por sus hojas urticantes. Se creía que las ampollas y la erupción resultantes eran las toxinas y los desechos que intentaban salir. De hecho, las agujas de las hojas contienen histamina, que crea la erupción en la piel. La histamina es responsable de las respuestas alérgicas, así que la medicina moderna utiliza antihistaminas para tratar alergias. Cuando se toma ortiga como tintura o té alivia la alergia y la fiebre del heno. Es otro ejemplo de las maravillas de la Madre Naturaleza.

**Trébol rojo** (*Trifolium pratense*) elimina las toxinas del cuerpo y regula las hormonas femeninas. Es una hierba excelente durante y después de la menopausia. Las hormonas irregulares pueden ocasionar cambios de humor, de energía y de vitalidad, lo cual causa que pierdas tu centro y adquieras hábitos perjudiciales. El trébol rojo brinda equilibrio donde es necesario y te ayuda a mantener un cuidado excelente de tu hermoso cuerpo.

## Hierbas medicinales para el hígado

Si no consigues aliviar el dolor, intenta realizar una limpieza de hígado. Este órgano almacena toxinas y energías viejas que te impiden sanar. Lo hace con la intención de que las toxinas no te causen un daño aún mayor. Sin embargo, cuando se acumula demasiada toxicidad se vuelve un obstáculo para curar el dolor. Entonces, si has intentado todo para aliviar el malestar y no has tenido éxito, quizá sea tiempo de probar otra cosa y centrarte en el hígado.

Cuando limpias el hígado obtienes mejores resultados si buscas ayuda profesional. En las tiendas naturistas venden paquetes para limpieza de hígado, pero no son específicos. Y no olvides que, si estás tomando otros medicamentos, la limpieza del hígado los eliminará. Quizá no sea tu caso, pero siempre es mejor recordarlo —¡recordar no le hace daño a nadie!

El hígado es el órgano principal de la desintoxicación. El hígado procesa y metaboliza las toxinas para que puedan eliminarse con seguridad. La desintoxicación del hígado consiste en dos partes. En la fase inicial, las enzimas se unen a las toxinas para volverlas solubles en agua. (Muchas toxinas presentes en el medio ambiente son solubles en grasas, lo cual hace más difícil que el cuerpo las elimine). En la segunda fase, las toxinas se combinan con compuestos orgánicos y pasan a la bilis. Después el cuerpo las elimina a través de los intestinos.

El hígado es el único órgano humano que puede regenerarse. Si es dañado o se retira una parte en una cirugía, el hígado es capaz de volver a crecer hasta llegar a su tamaño original. Es un regalo increíble y amoroso de Dios. Cuida a tu hígado para que goces de una vida feliz y sana.

Las siguientes hierbas son maravillosas para desintoxicar el hígado.

**Agracejo** (*Berberis vulgaris*) ayuda en la desintoxicación del cuerpo al promover la producción y el flujo biliar, lo cual ayuda al cuerpo a excretar toxinas.

**Andrographis** (*Andrographis paniculata*) mejora el sistema inmunológico. Combate las infecciones, en especial las del hígado. Protege del daño al importante hígado.

**Bupleurum** (*Bupleurum falcatum*) protege al hígado, reduce la inflamación y da equilibrio al sistema inmunológico. Es excelente para restablecer las condiciones autoinmunes que involucran al hígado.

**Cardo mariano** o **cardo lechoso** (*Silybum marianum*) es la mejor hierba para el hígado y es buena para todos los aspectos de función de este órgano. Ayuda al hígado a que sane y se repare a sí mismo; previene el daño ocasionado por medicamentos y toxinas. Los estudios avalan las propiedades protectoras del cardo mariano, incluso contra venenos tan poderosos como el hongo de la muerte. Mucha gente toma esta hierba antes de consumir alcohol, pues asegura que es más difícil emborracharse. Hay que subrayar que, aunque esta hierba ayuda a conservar el hígado, no debe ser una excusa para ingerir sustancias nocivas ni beber alcohol en exceso.

**Cúrcuma** (*Curcuma longa*) ayuda en ambas fases de la desintoxicación hepática y ayuda al cuerpo a liberar toxinas por medio de la bilis. También es un excelente antioxidante y antiinflamatorio. Es una hierba sanadora y nutritiva.

Si se consume con una grasa aumentan los efectos de la cúrcuma. Puedes mezclar el polvo con leche de coco, aceite de coco o yogur orgánico antes de ingerirla. Si vas a ingerirla en forma de cápsula, tómala junto con algún tipo de grasa buena, como un puñito de almendras orgánicas, un aguacate o yogur.

**Diente de león** (*Taraxacum officinale*) estimula la digestión, la función del hígado y promueve una adecuada función de los intestinos. La energía del diente de león la hace excelente para desintoxicar porque evita que pierdas tu objetivo o que te sientas desanimado. Algunas veces, el camino de la desintoxicación es largo y, si perseveras, la recompensa serán maravillosas oportunidades de salud.

**Lirio azul** (*Iris versicolor*) se usa para insuficiencia digestiva del hígado, cuyos síntomas incluyen estreñimiento, náusea y dolor de cabeza. El lirio azul estimula la secreción de la bilis para mejorar la digestión.

**Romero** (*Rosmarinus officinalis*) envía sangre al cerebro, lo que mejora la memoria y la concentración. También estimula la segunda fase de la desintoxicación del hígado. Es una buena hierba para usar cuando desintoxiques tus emociones. Ayuda a los nervios mientras se encarga de las toxinas.

**Schizandra** (*Schisandra chinensis*) nutre a los nervios y equilibra la energía. Ayuda al hígado a llevar a cabo ambas fases de la desintoxicación hepática. Usa esta hierba cuando te sientas estresado o cansado, pero necesites desintoxicarte.

## TÉ DE DIENTE DE LEÓN PARA LIMPIAR EL HÍGADO

Una forma sencilla de desintoxicarte es disfrutando del té de diente de león. Nutre al sistema digestivo y estimula al hígado para excretar todo lo que ya no necesita. Se hace a partir de la raíz, pues las hojas no sirven para el hígado.

Esta infusión herbal sanadora estimula la digestión y promueve una función hepática adecuada. Es una hierba que te conecta con la tierra al devolver la conciencia al cuerpo. Si bebes una o dos tazas al día podrás entender qué es lo que tu cuerpo quiere verdaderamente. Por ejemplo, quizá tengas antojo de carbohidratos si tienes deficiencia de vitamina B, o tengas antojo de azúcar si te falta magnesio. Tu cuerpo no está pidiéndote que le des carbohidratos que no nutren en forma de pan o pasta, sino las vitaminas presentes en los granos integrales y las legumbres.

Este té tiene un sabor muy terroso. Puedes cambiarlo si añades miel, jarabe de agave o jarabe de coco orgánicos. Evita añadir azúcar refinada, endulzantes artificiales o leche. Aunque sea un té muy distinto a lo que estás acostumbrado, piensa que es una medicina. La taza que tienes frente a ti te dará mayor salud y te ofrece ayudarte a comprender las necesidades de tu cuerpo.

Solo hay que poner una cucharadita de raíz de diente de león orgánico a una taza de agua hirviendo. (Si quieres un sabor diferente usa raíz de diente de león tostado). Déjalo reposar durante diez minutos antes de probarlo y después añade un endulzante natural si hace falta.

A mí (Robert) el sabor no me parece atractivo, pero los beneficios valen la pena. Prefiero dejar que el té se enfríe un poquito antes de beberlo. Así se vuelve una bebida tibia más que un té caliente. También puedes exprimirle limón, pero te sugiero que primero lo pruebes sin añadirle nada.

## Limpieza de parásitos

Muchas veces, la causa de un dolor sin diagnosticar son los parásitos. Estos organismos viven en el cuerpo de una persona, obtienen su alimento a expensas del anfitrión y causan una gran cantidad de molestias de salud. Entre los síntomas más comunes se encuentran molestias digestivas y calambres abdominales. Si has viajado a otro país o a un lugar tropical, si has comido pescado crudo o sin cocer, es probable que tengas parásitos.

Los parásitos causan un daño que solemos pasar por alto. No solo desvían los nutrientes del cuerpo sino que excretan material tóxico que llega al torrente sanguíneo. Esto afecta al sistema nervioso, al nivel de energía y al estado de ánimo. Los síntomas de una infección por parásitos imitan muchos otros problemas de salud, como la artritis que no responde al tratamiento. Si un paciente de artritis no siente alivio con tratamientos convencionales, es posible que el problema sea de parásitos. Ciertos parásitos se encierran en el líquido de las articulaciones, lo cual causa daño y crea inflamación que provoca dolor. También se alojan en los músculos y causan dolor generalizado.

Mucha gente suele asociar a los parásitos con viajes al extranjero, pero también los hay en los países desarrollados. En Estados Unidos se diagnostican cada año más de 2 millones de casos nuevos de giardiasis y más de 1.5 millones de toxoplasmosis. El parásito *Toxoplasma gondii*, causante de la toxoplasmosis, se ha relacionado a un comportamiento más extrovertido y descuidado. Los centros de prevención y control de enfermedades han encontrado una relación entre los índices de infección y la esquizofrenia, pues parece que el parásito influye sobre el comportamiento. También se asocian a este parásito cambios en la personalidad, donde la personalidad de la gente sufre más cambios mientras más tiempo permanece infectada.

Hay dos prácticas comunes para tratar a los parásitos. La primera es usar grandes cantidades de hierbas para retirar a todos los organismos vivos. Por lo general se hace durante una semana. El segundo método es tomar dosis más pequeñas de medicinas herbolarias durante más tiempo para atacar a los parásitos vivos y a los huevecillos. Creemos que el método más eficaz es una combinación de ambos, comenzando con una dosis alta durante una semana, reducirla y continuar el tratamiento por un mes.

Lo mejor es tener la opinión de un experto. El naturópata o herbolario puede formular una mezcla personalizada. También existen excelentes preparaciones en tabletas y cápsulas que combinan altos niveles de las siguientes hierbas. Algunas se encuentran en tiendas naturistas, pero el experto puede proporcionarte algo un poco más fuerte.

**Ajenjo** (*Artemisa absinthium*) se usa para tratar lombrices y otros parásitos intestinales. Si eres sensible quizá solo toleres esta hierba en pequeñas cantidades. El experto herbolario Matthew Wood sugiere que solo se use una gota de la tintura una o dos veces a la semana.

El **ajenjo chino** (*Artemisia annua*) suele ser mejor tolerado. Se usa específicamente para la diarrea al viajar, lo cual es probable que sea resultado de infecciones por parásitos.

**Hidrastis** (*Hydrastis canadensis*) elimina parásitos solo en concentraciones altas. El mayor beneficio de esta hierba es que repara el recubrimiento del sistema digestivo. Fortalece al estómago y los intestinos de manera que los materiales tóxicos no pueden llegar al torrente sanguíneo. Debe formar parte de tu limpieza, pero puedes dejarla para el final, cuando los parásitos hayan sido eliminados.

**Mirra** (*Commiphora molmol*) sabe horrible pero es excelente para eliminar parásitos. Es mejor si se usa en dosis altas durante poco tiempo.

**Nogal negro** (*Syzygium aromaticum*) es la hierba perfecta para la limpieza de parásitos, ya que cubre muchos frentes. Se dirige a las dos fases del ciclo de vida del parásito al limpiar el cuerpo de organismos vivos y penetrar el recubrimiento de los huevecillos. Es muy efectivo para eliminar parásitos resistentes, pues descompone las paredes dentro de las cuales se protegen algunos organismos.

## Elimina toxinas de tu vida

Tus esfuerzos por desintoxicarte no servirán de nada si continúas dándole toxinas a tu cuerpo. Reflexiona si las siguientes sustancias tienen un lugar en tu estilo de vida sano.

### Fluoruro

El fluoruro es un mineral que se añade a la mayoría de las pastas de dientes y al agua potable de muchas ciudades con la promesa de que ayuda a prevenir el deterioro dental. Sin embargo, al comparar datos de países que agregan fluoruro al agua que consumen con los de países que no lo hacen, no hay diferencia en la incidencia de deterioro dental. En la actualidad, los activistas exigen a los distritos de agua locales que dejen de añadir fluoruro al suministro de agua; aseguran que es un metal pesado tóxico derivado de la industria de los fertilizantes.

Si has intentado todo y el dolor no desaparece, considera la posibilidad de reducir tu exposición al fluoruro. Es una toxina que se acumula en el cuerpo, lo cual provoca daños al sistema nervioso. Puede ocasionar dolor en las articulaciones e interferir con la función de la tiroides. Incluso puede ser un mutágeno, es decir, algo que causa daño genético que provoca cáncer. Algunos estudios sugieren que el fluoruro afecta de manera negativa al desarrollo del cerebro y otros han relacionado bajos niveles de inteligencia con altos niveles de fluoruro.

En Estados Unidos, los tubos dentífricos tienen leyendas de advertencia que sugieren llamar al control toxicológico en caso de ingerir demasiada. Cada año, una gran cantidad de niños desarrolla problemas gastrointestinales debido al fluoruro que ingirieron en la pasta de dientes. La cantidad de fluoruro de una porción de pasta de dientes del tamaño de un chícharo es similar a la que contiene una taza de agua del grifo en muchas áreas. Por un lado, nos dicen que la bebamos; por otro lado, nos dicen que llamemos a la línea de emergencia para envenenamientos.

Para la higiene bucal te sugerimos que mejor uses pastas de dientes naturales, sin químicos y sin fluoruro, que no contengan carragenanos. (Los carragenanos son un aditivo alimentario hecho de algas que se usa para unir, espesar y estabilizar, lo cual contribuye a la inflamación). Tú mismo puedes hacer pasta de dientes con aceite de coco orgánica, aceite de menta de grado alimentario y bicarbonato de sodio puro. En las tiendas naturistas encuentras los ingredientes. Mézclalos hasta lograr la proporción que te agrade y úsala igual que la pasta de dientes común.

Investiga de dónde proviene el agua de tu localidad y averigua si contiene fluoruro. En Internet puedes comprar paquetes de prueba. La mejor manera de eliminar el fluoruro del agua es por medio de la destilación u ósmosis inversa. Puedes instalar en tu casa un sistema de filtración por ósmosis inversa, y estarás haciendo una excelente inversión en tu salud. Además, aunque no bebas el agua del grifo, si el agua que usas para bañarte contiene fluoruro, también afecta a tu salud y a tu bienestar.

## EL PELIGRO DEL BISFENOL A (BPA)

El Bisfenol A es un compuesto que altera el equilibrio hormonal relacionado a muchos problemas de salud, como desequilibrio hormonal, anormalidades hepáticas y desarrollo cerebral pobre en niños. Contribuye a condiciones dolorosas, como diabetes, obesidad, cáncer de mama, enfermedades cardiacas e infertilidad.

El BPA suele estar presente en el plástico, como el de las botellas de agua, contenedores de alimentos y el recubrimiento de la latas, pues los hace más resistentes. Siempre que compres algo de plástico o alimentos enlatados busca que sean sin BPA, como la marca *Amy's Kitchen*, que garantiza que sus productos no contienen este compuesto.

Las botellas de plástico que contienen BPA filtran el químico en el contenido, en especial cuando se calientan, como en un coche o en una bodega. Es mejor beber agua que esté en recipientes de vidrio o acero inoxidable. Te recomendamos que compres agua en botellas de vidrio y no de plástico.

Incluso hay que considerar el cepillo de dientes pues te lo llevas a la boca tres veces al día. Hay algunas marcas que no contienen BPA y las encuentras *online* o en tiendas naturistas.

## Desintoxicación de relaciones perjudiciales

Quizá necesites terminar con las relaciones tóxicas para sanar el dolor. Tuve (Robert) una paciente que se quejaba de dolor severo en la espalda. Le dolía mucho cuando se sentaba en el coche. La traté tres veces y, aunque tuvo una ligera mejoría, gran parte del dolor seguía igual. Mi instinto me dijo que parte del dolor estaba relacionado con su esposo, pero cuando le pregunté sobre su relación, cambió de tema inmediatamente. No volví a decirle nada y confié en que sus ángeles le enseñaran la respuesta.

A la siguiente semana se reunió con unos amigos para hacer un pequeño viaje y estaba muy emocionada con la idea. Tenía que estar sentada en el coche durante dos horas y, aunque su agonía solía comenzar quince minutos después de estar sentada, ¡no sintió nada de dolor!

Todo el camino fue agradable y relajado y pasó un día excelente con sus amigos.

Pero, el dolor regresó en cuanto subió al coche para volver a su casa. Y mientras se acercaba a su casa, más intenso era el dolor. En nuestra siguiente cita, me dijo que notó que el dolor empeoraba conforme se acercaba a su esposo. Con la ayuda de los ángeles pudo llegar a esa conclusión.

Platicamos sobre las opciones de tratamiento e hicimos un trabajo de sanación de su relación. Se sentía insegura y resentida por los frecuentes viajes de su esposo para jugar golf. Al soltar esos pensamientos y sentimientos descubrió que disminuyeron sus niveles de dolor y que su relación se fortaleció.

Piensa en la gente de la que te rodeas. ¿Sueles sentirte a la defensiva, molesto o criticado cuando estás con una persona en particular? Retira sutilmente de tu vida la energía tóxica de esa persona y rodéate de gente más alegre y estimulante. Lo más seguro es que sientas alivio.

## Regálate unas vacaciones y agenda diversión

Después de que hayas eliminado las sustancias tóxicas de tu cuerpo y las relaciones perjudiciales de tu vida, piensa con qué quieres reemplazarlas. Darte tiempo para relajarte puede marcar la diferencia —ya sea un fin de semana o un par de semanas—. Mucha gente se da cuenta de que el dolor desaparece cuando sale de vacaciones. Y los niveles de dolor aumentan cuando regresa a casa y vuelve a los viejos hábitos.

Ahora puede ser el momento perfecto para que te tomes unas vacaciones. La voz de tu ego luchará para darte todas las razones por las que no debes ir, pero puede ser la solución perfecta para tu salud. Imagínate cómo te sentirías al alejarte de todo durante un fin de semana. Si imaginártelo hace que te sientas más relajado es una confirmación de que ahora es el momento. No retrases tu sanación preocupándote por cómo vas a hacerlo. Si tus ángeles creen que lo mejor para ti es tomar un descanso, entonces todo se dará para que lo hagas.

También es importante que incluyas al gozo como parte constante de tu vida, y no solo algo que sientes en vacaciones. ¿Cuándo fue la última vez que disfrutaste un pasatiempo? Si te cuesta trabajo pensar en tus pasatiempos, ¡es señal de que has perdido el contacto con una parte de ti mismo! Piensa ahora qué te daría paz y tranquilidad. Quizá disfrutes de la jardinería, coser, leer, caminar, pintar, bailar... ¡cualquier cosa! Eres especial y único y tus necesidades no se parecen a las de nadie más en el mundo. Debemos honrar siempre nuestra individualidad así como nuestra vida.

Aparta una hora para esas actividades cada semana. No deberían ser algo que haces de manera ocasional, sino que deben ser parte de tu rutina. ¿No te sentirías mejor si te honraras haciendo más seguido las cosas que más disfrutas? Claro que sí.

Invoca a tus ángeles diciendo:

"ÁNGELES, POR FAVOR, DENME EL TIEMPO, EL DINERO, EL TRANSPORTE Y TODO LO QUE NECESITO PARA HACER LAS COSAS QUE AMO. SÉ QUE SERÁ BUENO PARA MI SALUD Y PERMITIRÁ QUE MI LUZ BRILLE CON MÁS INTENSIDAD. GRACIAS".

## Capítulo siete

# Incorpora ejercicio a tu vida

Nuestro cuerpo está diseñado para moverse. Si llevas una vida sedentaria, los músculos, las articulaciones y los huesos empiezan a sufrir. Si has soportado dolor crónico es posible que hayas reducido la cantidad de ejercicio que realizas y la frecuencia con la que participas en otras actividades. Se siente como si delante de ti hubiera una enorme señal roja de alto. El dolor detiene tu progreso y limita tus habilidades... ¡si se lo permites!

Realizar movimientos suaves permite que tu cuerpo encuentre su estado de equilibrio perfecto. Sin este, te sientes tenso y estresado, y experimentas más incomodidad que de costumbre. La voz del dolor te dirá que debes descansar y evitar el movimiento a cualquier precio. En algunas situaciones es un buen consejo pero, la mayor parte del tiempo, dejar de hacer ejercicio pone tu sanación en pausa.

El arcángel Rafael puede ayudarte en el camino dándote motivación para ejercitarte. Como mencionamos antes, ayudas más a tu salud al mejorar tu dieta que si solo haces ejercicio. Sin embargo, conforme aumenta tu vitalidad y escuchas a tu guía interior, de manera natural buscarás moverte más. Querrás hacer ejercicio porque hace que tu cuerpo se sienta muy bien. La actividad provoca que tu cuerpo libere endorfinas, esas hormonas de la felicidad que motivan al alma. El ejercicio diario también ayuda a eliminar la depresión, la fatiga y la sensación de soledad.

Algunas veces recibes guía de sanación mientras te ejercitas. Por ejemplo, uno de nuestros lectores, Kevin Hunter, disfrutaba haciendo ejercicio y sintiendo los beneficios en su mente y en su cuerpo. Un día que iba corriendo del gimnasio a su casa sintió un tirón cerca del tobillo. Trató de aliviarlo caminando, pero cojeaba y sentía un dolor agudo cada vez que el pie tocaba el suelo. Todavía estaba lejos de su casa y se preguntaba cómo iba a ser capaz de llegar.

De repente, Kevin escuchó una voz que le recordaba: "¡Pide ayuda!". Mentalmente invocó al arcángel Rafael, que lo guio para que dejara de caminar y se frotara las manos. Al hacerlo, Kevin vio en su mente que de sus dedos salían chispas de una luz color verde esmeralda.

Rafael le dijo que dejara que su mano flotara sobre el dolor. Kevin se sintió sorprendido al ver que la luz verde esmeralda salía de su mano hacia su pie.

Cuando Kevin volvió a caminar, ¡ya no sentía dolor! Comenzó a aumentar la velocidad poco a poco y, unos minutos después, alcanzó la velocidad inicial sin volver a sentir molestia alguna. Pudo sanar por completo gracias a la voz de su intuición y a los ángeles.

## Suaves recordatorios de que te muevas

Muchos de mis clientes (de Robert), se quejan de dolor de espalda. Algo que les enseño, y que hace milagros, es que pongan recordatorios de movimiento en su celular. (Al parecer, hoy en día, la gente casi nunca se separa de su teléfono, así que vamos a sacar provecho de esa dependencia). Programa la alarma para que suene cada dos horas. Esas alarmas serán la señal para que te levantes, tomes un poco de agua y camines un rato.

Es tan fácil concentrarte tanto en el trabajo que pierdes por completo la noción del tiempo. A mucha gente le ha pasado que está trabajando durante lo que le parece un rato, solo para voltear a la ventana y darse cuenta de que ya es de noche. El tiempo pasa volando cuando estás dentro de un proceso creativo. Es importante que tengas una fuerza externa que proteja tu cuerpo y a ti. No hace falta que te muevas demasiado; cinco minutos está bien.

Y después vuelves a trabajar. Descubrirás que tu cuerpo te lo agradecerá dándote nuevas ideas, inspiración y energía suficiente para trabajar dos horas más hasta tu siguiente recordatorio.

Cuando estés en casa sin trabajar, ¡no quites las alarmas! Si sueles estar tirado en el sillón, también programa los recordatorios para esos momentos. Los sillones tienen todavía menos apoyo para la espalda que una silla y puede ser terrible para tu sensible columna. Procura moverte cada dos horas y notarás una diferencia en tu cuerpo.

## Encuentra la actividad adecuada para ti

Haz el ejercicio y las actividades que disfrutes. Encuentra un ejercicio o una rutina que se ajuste a tus necesidades. Quizá prefieras ejercitarte en privado y usar solo el peso de tu cuerpo o mancuernas. Quizá la energía de los demás sea motivadora para ti y busques clases en el gimnasio o en otras actividades de grupo. Piensa si prefieres ejercitarte en interiores o hacer una actividad en el exterior. Si estás dentro, ¿qué es lo que ves mientras te ejercitas, una aburrida pared o la hermosa vista del océano? Todos esos detalles marcan una diferencia en tu experiencia.

La ubicación y la severidad del dolor determinan qué actividades puedes hacer y cuáles no. Si tienes mucha limitación, por favor, habla con un profesional de la salud sobre la forma más segura para que comiences a ejercitarte. Siempre es mejor buscar el consejo de un profesional para que no te hagas daño por un accidente. No olvides que tu meta es tener un cuerpo flexible, feliz y libre de dolor, así que es más sensato tomarte el tiempo para pedir la opinión de un experto.

Si eres sedentario, no pienses que debes empezar con un ejercicio intenso. Una caminata suave es más que suficiente para que se mueva la sangre. (Hay un dicho, gracioso pero cierto, que viene al caso: "No importa que vayas muy lento, lo importante es que te muevas, aunque sea alrededor del sillón"). Cuando caminas, las caderas y la pelvis te mantienen recto. Tus músculos se activan y tu cuerpo se corrige poco a poco con cada movimiento. Cada paso que das es un paso que te lleva más cerca de un cuerpo sin dolor.

También es importante que no olvides la flexibilidad. La gente suele hacer ejercicios cardiovasculares y de fuerza, y pasa por alto ese aspecto tan importante para el bienestar. Cuando estás rígido e inflexible, los músculos son más propensos a sufrir tirones. Los estiramientos relajan la fibra de los músculos y dan a tu cuerpo un rango de movimiento más amplio. Intenta tocarte los dedos de los pies —si no puedes, significa que el tendón de la corva está demasiado tenso—. Haz estiramientos suaves o toma clases de yoga para principiantes para relajar los músculos y, casi de manera instantánea, descubrirás que llegas más lejos.

Una de las mejores maneras de aliviar el dolor es estirando los músculos de la espalda y del abdomen. Insistimos, el dolor de espalda crónico está relacionado a una falta de fuerza en el abdomen. Si tus músculos abdominales son débiles, entonces la columna y la pelvis tienden a inclinarse y a desbalancearse. No necesitas tener un abdomen de lavadero, pero la fuerza interna es esencial para tener una espalda contenta y sin dolor. Las siguientes actividades son una forma excelente de comenzar:

• **Taichí** es un tipo de ejercicio originario de China que implica movimientos muy suaves. Se dice que, cuando se hace de manera adecuada, se trabajan todos los músculos del cuerpo. Los movimientos son lentos pero intencionados, lo cual permite que las articulaciones se deslicen de una postura a otra. El taichí estira lentamente los músculos, aumenta la flexibilidad y ayuda a mejorar el equilibrio. Con el tiempo se ha descubierto que aporta muchos beneficios para la salud y ayuda a mejorar condiciones como artritis, fatiga, ansiedad, dolor, mala postura, estrés y tensión.

El taichí es una agradable práctica espiritual que comprende tres aspectos: salud, meditación y artes marciales. Cada movimiento es una técnica de autodefensa desacelerada. El taichí activa a los meridianos sanadores del cuerpo para la circulación del *chi*, o fuerza vital. Esto crea un flujo de energía poderosa que llega a áreas desequilibradas y restablece su función.

• **Yoga** es otro ejercicio maravilloso que implica espiritualidad. Aprendes a conectar con tu respiración y a encontrar una sensación de unidad mientras mantienes el cuerpo durante un tiempo en posturas determinadas, que se llaman *asanas*. No te preocupes, no hace falta que seas gimnasta ni contorsionista. Hay clases para principiantes en los gimnasios, en escuelas de yoga, así como en libros, videos en YouTube y DVD para que practiques en tu casa. Tener un profesor de yoga te asegura que estás haciendo los estiramientos de manera adecuada. Tu flexibilidad mejorará con el tiempo y serás capaz de hacer asanas más profundas y difíciles.

• **Pilates** es una rutina acondicionadora que usa estiramientos y repeticiones para aumentar la flexibilidad, la fuerza y la resistencia. Enfatiza el control muscular y el fortalecimiento del abdomen. Los ejercicios se ven muy sencillos pero son muy efectivos y ¡te harán sudar! Algunos centros de Pilates tienen aparatos con peso para añadir una dimensión extra a la práctica.

## Los beneficios de hacer ejercicio

En todos los accidentes traumáticos que ponen en peligro la vida, un cuerpo sano y en buena forma está mejor adaptado para manejar el dolor. Rachel Racklyeft disfrutaba de su empleo como instructora en un gimnasio desde hacía trece años cuando, el 25 de julio de 2010, su vida dio un giro que no esperaba. Ese día, esta amante de los caballos se cayó del suyo y de inmediato supo que estaba herida. También supo, gracias a sus muchos años de entrenamiento, que lo mejor era quedarse quieta.

La llevaron de emergencia al hospital, donde confirmaron la gravedad de sus lesiones. Tenía fracturadas las vértebras desde la base del cuello hasta media espalda. El descubrimiento fue terrible y tuvo pensamientos depresivos. Se preguntaba: "¿Podré caminar? ¿Podré volver a montar mi caballo? ¿Podré volver a trabajar en el gimnasio?".

De milagro, Rachel tenía sensaciones en todo el cuerpo. ¡No parecía haber sufrido daño nervioso! Los doctores dijeron que, en un futuro, podría volver a hacer las cosas que tanto le gustaban. Pero, para lograrlo, tenía que sanar no solo la columna sino sus emociones. Afortunadamente, Rachel estaba rodeada de gente que la apoyó y le dio ánimos. Descubrió quién se preocupaba por ella y quiénes eran sus verdaderos amigos. En el gimnasio le dijeron que su puesto la iba a esperar, lo único que querían era verla sana.

Los días posteriores al accidente de Rachel fueron muy dolorosos. Estaba llena de moretones, maltrecha y emocionalmente agotada. Cuando se quedaba sola en el hospital escribía en su diario. No todo lo que garabateaba tenía sentido, pero no hacía falta. Era la forma que tenía de sacar la presión y el dolor que sentía en su mente. Para ella fue un verdadero reto que le colocaran una faja lumbar y tener que usarla durante cuatro meses. Para que le fuera más fácil, bautizó al cinturón como "Bertha".

Cuando la forzaron a detenerse y descansar se dio tiempo para comunicarse con sus ángeles. Los invocó para que le dieran ayuda Divina y rezó para sanarse. Rachel notó señales sutiles que le aseguraron que sus oraciones estaban siendo escuchadas.

En los meses siguientes, el dolor era terrible y Rachel no encontraba la manera de sentirse cómoda. Tomó analgésicos para sentirse mejor, pero le sorprendió lo rápido que volvía el dolor cuando intentaba reducir la dosis. Para ella, ese tiempo fue triste y desafiante pues no le gustaba tomar tantas medicinas y solo quería que el dolor desapareciera. Finalmente, llegó el día en que le quitarían a "Bertha". Fue entonces cuando descubrió que su amorosa familia, sus amigos y sus ángeles guía eran su mejor analgésico. Pudo eliminar viejas creencias que la limitaban y dejar que brillara su ser verdadero. Mientras más se centraba en las cosas por las que debía estar agradecida en su vida, más disminuía su molestia. Hoy, Rachel está completamente sana y no tiene dolor.

Rachel volvió a caminar, a montar a caballo y a dar clases en el gimnasio. Tiene una nueva perspectiva de la vida y sabe que, cuando las cosas se ponen difíciles, solo tienes que dar un paso a la vez. Cada año, en el aniversario del accidente, hace algo desafiante. Se exige más para enseñarle al universo que está agradecida por estar viva y quiere experimentar lo más que pueda de la vida.

Es necesario tener una mente equilibrada —junto con una psique equilibrada —para tener una combinación ganadora. Alison Scambary, entrenadora en un gimnasio durante quince años, entendió la importancia de tener un cuerpo fuerte y sano. Durante años alentó a los demás para que alcanzaran sus metas en el gimnasio y respetaba las necesidades de cada cliente. El ejercicio era su pasión y era parte de su vida diaria. Solía irse con su esposo los fines de semana para probar sus límites y hacían actividades como bici de montaña. En uno de esos fines de semana, Alison tuvo una nueva perspectiva de la importancia estar en buena forma.

En septiembre de 2013, Alison y su esposo iban en bici cuando se cayó y se dislocó el hombro. ¡El dolor era insoportable! Gracias a su entrenamiento sabía que mover el brazo solo empeoraría las cosas, así que trató de encontrar una posición cómoda y de no moverse. Llegó una ambulancia y la llevaron al hospital donde tuvo que esperar durante seis largas horas con un hombro dislocado a que la atendieran. Alison tomó medicamentos para intentar aliviar lo que describe como una de las cosas más dolorosas que ha experimentado. Una vez que el hombro volvió a su lugar, pudo irse a su casa.

Se dio cuenta de que necesitaba los brazos para hacer más cosas de las que sabía, lo cual le confirmaba la importancia de tener un cuerpo sano. Con el hombro delicado o como fuera, ¡no podía dejar de hacer ejercicio! Sabía que los niveles del buen estado físico disminuyen rápidamente si no se ejercita de manera regular, y no quería perder el resultado de tantos años de arduo trabajo. Empezó con la bici estática, andando a una velocidad leve para no sentir dolor. El movimiento ayuda al cuerpo a sanar las lesiones y las endorfinas que se generan durante el ejercicio mantienen un buen estado de ánimo. Alison sabía que si se volvía sedentaria afectaría a su naturaleza positiva, ¡y no estaba dispuesta a perderla!

Cuando comenzó a ver a un terapeuta físico, este le dijo que su recuperación era impresionante; estaba sanando muy rápido y había recuperado una gran cantidad de movimiento y flexibilidad. El terapeuta dijo que se debía al compromiso de Alison con su salud y bienestar.

Con el ejercicio regular, el cuerpo se adapta mejor al proceso de sanación. El tono muscular y la fuerza del abdomen aceleran la respuesta de sanación. No necesitas convertirte en un entrenador profesional, pero estar en buena forma ayuda a alejar al dolor. Elimina los pensamientos que dicen que no puedes y sigue inténtalo. Comienza poco a poco y, con el tiempo, serás testigo de la transformación.

# Capítulo ocho
# Terapias físicas y métodos de sanación

Puedes lograr la sanación de maneras milagrosas. Algunas veces sucede por sí sola, otras, implica trabajar con un profesional reconocido que te guíe.

Al evaluar un tratamiento debemos estar conscientes de la filosofía que lo soporta. Algunas terapias se centran en los síntomas más que en la causa verdadera. Nosotros sentimos que, para lograr una sanación completa, debes sanar la fuente. Aunque es importante aliviar los síntomas, hay que señalar que si ignoras lo que está creando el problema, volverá a presentarse, una y otra vez. Muchos sanadores comienzan por aliviar los síntomas más urgentes. Pero, conforme disminuye el nivel de dolor, el equilibrio del tratamiento debería cambiar y el sanador debe poner mayor énfasis en la causa subyacente.

En este capítulo explicaremos algunas de las terapias que hemos experimentado, incluyendo algunas que nuestros clientes han compartido con nosotros. No obstante, lo más importante que debes tomar en cuenta cuando busques un tipo de sanación es tu propia intuición. Conforme leas las siguientes opciones deja que tu Ser Superior te diga cuál es la adecuada para ti.

Medita un poco en los subtítulos antes de leer el contenido. Escucha lo que te dice la voz interior antes de leer la información. Deja que así tengas ideas sobre los tipos de tratamiento que pueden funcionar mejor para ti. Conforme leas recibirás la confirmación de que se trata de un camino bueno para ti:

## Bolsas terapéuticas para el dolor

Muchas veces usamos bolsas de gel térmico para sentir alivio. Cuando nos ponemos la bolsa caliente sí nos sentimos mejor, pero ¿realmente es útil? Cuando retiras la fuente de calor, el dolor suele regresar. Más que sanar la situación, lo que hace es disfrazar los síntomas. Vamos a investigar la razón.

El calor atrae más calor. Cuando quitas la fuente de calor, la superficie se enfría rápidamente, pero el calor permanece atrapado en el área. Esto provoca inflamación y el dolor reaparece. El cambio repentino de temperatura también impacta a los músculos y ocasiona un espasmo.

Un proceso similar ocurre cuando se usa una bolsa de gel frío; este hace que los vasos sanguíneos se contraigan, lo cual aleja la sangre del área. Es un remedio bueno para lesiones agudas porque no quieres que la inflamación permanezca. Pero, usar una bolsa de gel frío, como cuando tienes una lesión crónica, limita de manera importante la circulación en el área. Una vez que retiras el frío, la sangre vuelve y se acumula, lo cual produce calor e inflamación. Entonces, al principio sientes alivio pero, en cuanto quitas la bolsa, el dolor no tarda en regresar.

Una solución más equilibrada que la bolsa de gel frío o caliente es un cojín frío. Es decir, colocas el cojín de trigo en el refrigerador, en lugar de calentarlo en el microondas. Para que se enfríe bien debes dejarlo un mínimo de dos horas. Después de ese tiempo puedes sacarlo y aplicarlo en el área donde sientes la molestia. De manera inmediata sentirás una sensación fresca y los músculos se relajarán conforme la tensión se libera. Y, cuando retiras el cojín frío, el dolor no regresa.

También puedes aprovechar el poder sanador de la tierra en un cojín caliente de sal de mar. En un recipiente coloca una taza de sal (de grano fino) celta, del Atlántico, del Himalaya o del mar Muerto. (Si compras sal gruesa puedes hacerla más fina en la licuadora). Luego, vierte una cucharada de agua hirviendo y revuelve hasta que toda la sal esté mojada. Cuando tomes un puño, la mezcla debe permanecer unida y tener la humedad suficiente de manera que se sienta un poco de calor.

Colócate sentado o acostado en una posición cómoda y pon una buena cantidad de sal en el área afectada. Si los granos no quieren quedarse en su lugar puedes vendar el área. Conforme el calor penetra en tu piel, los músculos se relajan. La piel absorbe cantidades mínimas de la sal, lo cual te da micronutrientes que ayudan a liberar la inflamación. Deja la sal durante una hora. Cuando hayas terminado desecha la sal y date un baño caliente.

Si quieres más beneficios antiinflamatorios añade a la sal diez gotas de aceite esencial de menta. Si notas que la piel se te irrita (ya sea con o sin el aceite de menta), descontinúa el uso y consulta a un profesional de salud.

## Aceites esenciales que alivian el dolor

Los aceites esenciales son concentrados de flores, hojas, semillas, corteza o frutos de diferentes plantas. Son remedios poderosos para la sanación y su aplicación es tanto física como espiritual. Además, cada aceite trasciende al mundo físico y se mezcla con tu energía para darte una sanación poderosa. Cada aceite funciona para diferentes afecciones físicas, pero en este libro nos centramos en sus capacidades para eliminar el dolor.

La capacidad para sanar el dolor que tienen los aceites esenciales no ha sido muy estudiada. Sin embargo, algunos investigadores consideran el uso de la aromaterapia como auxiliar a los tratamientos médicos convencionales. Aunque hay quienes sugieren que los aceites esenciales aumentan los efectos de otros tratamientos, mucha gente asegura que solo las cualidades de relajación son suficientes para ayudar en caso de dolor crónico. Cuando la mente está relajada tenemos una percepción diferente del dolor. Mientras más relajados estamos y más soltamos, menos nos concentramos en el dolor crónico.

Se sabe muy poco sobre los compuestos de cada aceite. Debemos tomar en cuenta los cientos de estudios de casos de practicantes que muestran una mejoría real gracias al uso de aceites esenciales. Este poderoso remedio herbal sí sana.

El problema principal de usar aceites esenciales es la calidad. Para obtener un buen resultado debes buscar marcas de alta calidad. Por desgracia, muchos aceites en el mercado están diluidos o, aún peor, son sintéticos. Busca que sean aceites esenciales cien por ciento puros. A veces, los aceites más caros, como el de rosas, se diluyen en aceite de jojoba, lo cual está muy bien siempre y cuando lo sepas. Fíjate en lo que compras, pues las etiquetas de muchas marcas no son claras y no sabes si el contenido es puro.

Los aceites más caros suelen ser los de mejor calidad. Pero, por favor, no corras a adquirir las botellas más caras que encuentres sin investigar primero quién las fabrica. También es buena idea evitar compañías que se basan en estrategias de mercadotecnia de multinivel, pues impacta la calidad del aceite.

Los siguientes aceites son los que más se usan para aliviar el dolor:

## MENTA

El aceite de menta contiene mentol de manera natural, es el ingrediente activo de muchos geles y aerosoles tópicos usados para aliviar el dolor gracias a sus propiedades anestésicas. El aceite de menta hace que los vasos sanguíneos se dilaten, lo cual puede causar enrojecimiento inicial conforme penetra. Después, la circulación mejora y las células benéficas son capaces de reparar cualquier daño, y a su vez, esto desencadena un torrente de reacciones de sanación.

Usa aceite de menta para aliviar el dolor en los músculos, articulaciones y espalda. Pon tres gotas de aceite en una bolita de algodón orgánico y frota suavemente el área dolorida. Descontinúa el uso si notas una irritación excesiva en la piel y retira el aceite con un paño humedecido con agua caliente.

En 2002, la revista *The Clinical Journal of Pain* publicó un estudio en el que se usó aceite de menta para tratar el dolor nervioso. En ese caso, una mujer de 76 años de edad padecía un dolor terrible en los nervios después de una infección viral. Los tratamientos estándar no funcionaban, así que los médicos usaron aceite de menta. Le indicaron a la paciente que lo aplicara directamente en las áreas afectadas. Notó un alivio casi inmediato y se dieron cuenta de que la acción analgésica duraba de cuatro a seis horas. Dos meses después seguía usando el aceite y tuvo efectos secundaros menores. Esto hizo que el equipo considerara ahondar en la investigación de los usos del aceite esencial de menta.

## LAVANDA

El aceite de lavanda es conocido por su capacidad de calmar y relajar. Mucha gente inhala esta familiar fragancia para ayudar a dormir o para calmar la ansiedad. Aunque también es excelente para relajar los músculos. Mientras más tranquila está tu mente, menos enojo siente tu cuerpo. Por ello es que la sanación del dolor físico requiere que además le pongamos atención a la mente.

El aceite de lavanda ayuda a despejar el chakra del tercer ojo, lo cual despierta tu visión espiritual. Te ayuda a ser fuerte y sensible a la vez. Serás consciente de las energías, los sentimientos y las sensaciones, pero sin que te abrumen. Más bien tendrás el control sobre la situación.

Tú tienes la llave de tu resultado positivo. A un nivel muy profundo sabes cuál es la solución a tu problema. Suele ser cuestión de soltar. Esta fragancia relaja la mente y los músculos. Aplicar unas cuantas gotas en el cuello y los hombros impregna la tensión y libera los dolores musculares, pues el aroma toca tu alma y equilibra tu

mente. Los ángeles dicen que es como ver un cubito de
hielo que se derrite —lo que una vez fue rígido e impenetrable se transforma en un estado que fluye libre y es
flexible.

Aplica una o dos gotas de lavanda en las sienes para
aliviar un dolor de cabeza. Es bueno para los dolores de
cabeza, especialmente ocasionados por tensión, pero alivia cualquier tipo de dolor. Masajea suavemente el aceite
en tus sienes y alrededor de la parte posterior del cuello,
justo hacia la nuca (el área donde los músculos del cuello
se unen al cráneo). El dolor habrá desaparecido en menos de diez minutos.

## MANZANILLA

Existen dos tipos de manzanilla: romana y alemana. Pre-
ferimos usar la manzanilla alemana porque se ha investigado más y emite una vibración de sanación.

El aceite de la manzanilla alemana es de color azul, el
cual está conectado al chakra de la garganta. Es el centro
de la comunicación y de decir tu verdad. No tengas miedo de decir lo que piensas. Los ángeles te darán mensajes
que quieren que comuniques. A veces da miedo hablar
con los demás sobre temas delicados. Pero si te instan a
que lo hagas, se dará la sanación. Quizá parte de tu propósito es enseñarle a la gente una perspectiva diferente o
quizá dirás las palabras necesarias para tranquilizar una

situación, pero no lo sabrás hasta que no lo digas. Siempre confía en que esos pensamientos y sentimientos provienen de tu Ser Superior y de los ángeles. ¡Te han dado el regalo de la comunicación clara!

La manzanilla alivia la inflamación, el dolor y la tensión. El azuleno, el compuesto que da el color característico al aceite, tiene propiedades antiinflamatorias y cura la piel. Sin embargo, al igual que con todas las plantas medicinales, no es un solo compuesto el que hace todo el trabajo. Todas sus partes trabajan al unísono para crear una sinfonía de sanación maravillosamente equilibrada.

Aplica tres o cuatro gotas de manzanilla alemana al área afectada. Si te cae un poco en las manos inhala la fragancia durante un momento. El aroma trasciende lo físico y estimula tu alma. Regálate ese momento libre de dolor.

## GAULTERIA (WINTERGREEN)

Este aceite tiene una alta concentración de salicilato de metilo, que contiene el mismo componente que da a la aspirina los efectos que alivian el dolor. Este aceite funciona bien para muchas personas. Sin embargo, en nuestra experiencia, la gaulteria es muy intensa para personas sensibles. Puede causar irritación en la piel, así que, si tu intuición te dice que pruebes este aceite, por favor hazlo con precaución. Primero aplícalo a un área pequeña y observa qué efectos tiene de inmediato y al día siguiente.

# Formas de trabajar con aceites curativos

Todos los aceites que mencionamos pueden aplicarse de manera segura sobre la piel. Aunque hay algunos aceites que deben usarse con ciertos métodos, así que siempre lee las indicaciones o consulta a un profesional calificado. Si notas irritación, aunque sea con un aceite que hayas usado antes, descontinúa su uso y limpia el área.

## DIFUSORES

Es buena idea invertir en un difusor de aromaterapia, el cual envía al aire moléculas pequeñas de los aceites curativos. Al inhalar la fragancia, tu mente y tu cuerpo son motivados. Enciende el difusor cuando regreses a casa después de un día ajetreado y déjate llevar. Recuerda que la relajación es una clave importante para una vida sin dolor.

## ACEITES PORTADORES

Los aceites esenciales se diluyen en los aceites portadores para que la piel los tolere mejor. Con los aceites puros, un poquito es más que suficiente. Añade 40 gotas de cualquier aceite esencial a 30 ml (2 cucharadas) de un aceite neutral, como aceite orgánico de coco o de oliva.

El aceite de coco se solidifica a temperatura ambiente. Para hacer un ungüento, calienta dos cucharadas en una sartén pequeña a fuego muy lento. Una vez que se haya derretido añade 40 gotas de los aceites esenciales que desees y vierte la mezcla a un frasco resistente al calor. Los frascos de vidrio funcionan bien para este propósito; en muchas tiendas naturistas puedes encontrar frascos pequeños. Cuando el aceite esté frío y tenga un estado semisólido, tápalo bien. Y cada vez que lo necesites toma una pequeña porción del ungüento y aplícalo dando masajes suaves en el área donde sientes dolor. Una pequeña cantidad es suficiente porque el aceite sólido se derrite cuando se calienta con la temperatura de tu cuerpo. Si después de unos días notas que no hay mucha mejoría, derrite el ungüento de nuevo y añade más aceites esenciales.

Nuestro ungüento favorito para quitar el dolor se hace con aceite de coco. Sigue las indicaciones anteriores; añade una cucharada de aceite de coco orgánico, 20 gotas de aceite de menta, 15 gotas de aceite de lavanda y 10 gotas de aceite de manzanilla alemana.

## BAÑOS DE TINA RELAJANTES

Un baño de tina relajante con aromaterapia esparce la fragancia de los aceites por toda la habitación y permite que tu piel absorba cantidades pequeñas. Al final del baño te sentirás maravillosamente cómodo, relajado y feliz.

Puesto que el aceite y el agua no se mezclan, no se puede esparcir el aceite en la tina. Mejor añade 15 gotas de aceites esenciales a una taza de vinagre de sidra de manzana orgánico. El vinagre ayuda a que los aceites se disuelvan y aporta beneficios de curación para tu cuerpo. Quizá tu intuición te indique que añadas al agua sales de mar naturales para purificar tu energía y suavizar los músculos. La sal de mar natural contiene una variedad de microminerales sanadores, como el magnesio. Las sales de epsom son como un masaje terapéutico para los músculos doloridos.

Para regalarte una experiencia de sanación, esparce media taza de sal de mar natural y media taza de sales de epsom en el agua de la tina. Mezcla 2 gotas de aceite de menta, 10 gotas de aceite de manzanilla y 3 gotas de aceite de lavanda con una taza de vinagre de sidra de manzana orgánico y vierte la mezcla al agua de la tina. Revuelve para que todo se disuelva, métete y relájate. Sentirás que la tensión sale de tu cuerpo en menos de quince minutos. Visualiza que tu cuerpo está liberando el dolor, que una energía oscura sale de tu cuerpo hacia el agua, y no hay forma de que regrese. Cuando quites el tapón para que se vaya el agua, reafirma que por ahí se va el dolor.

## Terapias manuales para aliviar el dolor

Un estudio realizado en 2013 investigó la frecuencia del dolor en los australianos. De aquellos que consultaron al médico, el 19.2 por ciento padecía dolor crónico, los más comunes eran osteoartritis y dolores de espalda. Más del 86 por ciento de los pacientes tomaba medicamentos para el dolor y un tercio además probaba métodos de alivio alternativos.

Las terapias naturales y las medicinas alternativas son remedios excelentes para el dolor. La ciencia no entiende por completo algunas intervenciones, sin embargo, lo importante es que funcionan. Las personas que las usan reportan una disminución de sus molestias y en la inflamación. Aunque no entendamos del todo su funcionamiento, sería una ignorancia desechar estas modalidades.

Algunas terapias han sido duramente criticadas, aunque muchas son muy poderosas cuando se realizan de la manera adecuada. Además, las escasas experiencias infortunadas suelen ser las que captan la atención del público. Tristemente, los medios de comunicación se centran en lo negativo, nos muestran cosas terribles que suceden en el mundo y dejan una mala impresión de muchos sanadores. Sin embargo, la mayoría de la gente es maravillosa y apasionada y solo quiere lo mejor para sus semejantes.

Cada vez que te enteres del caso de un sanador fraudulento, investiga la noticia más a fondo. En la mayoría de los casos descubrirás que la persona no era un miembro calificado en su supuesta profesión. Por eso es muy importante que siempre verifiques las certificaciones de los terapeutas. Las asociaciones profesionales de sanadores exigen que sus miembros cumplan con ciertos estándares éticos. También requieren cierto grado de educación profesional vigente para que los terapeutas apliquen en sus prácticas nuevas técnicas y la información más actualizada.

Las siguientes son algunas de las mejores terapias que puedes incorporar a tu camino hacia el bienestar:

## Masaje

Durante un masaje, el terapeuta calienta tus músculos y libera la tensión de tu cuerpo. Es fácil sentirse en paz y entregarse al momento. Es un método excelente para aliviar la tensión, el dolor de espalda, de cuello y de hombros. Antes de decidir qué estilo te gustaría probar recuerda que cada uno está diseñado para un propósito diferente. Los más comunes son el sueco y el de recuperación.

• El **masaje sueco** es maravillosamente relajante. Usa justo la cantidad de presión necesaria para que los músculos respondan. El terapeuta hace movimientos fluidos y rítmicos que permiten que tu cuerpo y tu mente liberen el estrés y la tensión. Puedes relajarte y sentir que te derrites en la mesa de sanación.

Los ángeles describen al masaje suizo como un baile del aura. Los terapeutas trabajan con tu energía en la misma medida en que trabajan con tu cuerpo físico, por lo que es importante que el terapeuta esté contento y con la energía positiva. No necesitas a alguien que te pase enojo ni energía negativa.

• **Masaje de recuperación**, al igual que el del tejido profundo, suele ser el que la gente pide cuando tiene dolor. Es importante señalar que, al principio, puede ocasionar aún más dolor. El terapeuta ejerce presión firme y se centra en los músculos específicos más que en la relajación general, como en el masaje sueco. Comienza por calentar los tejidos de alrededor, sus dedos lo llevan al lugar donde está el dolor y se concentra en el músculo que causa el problema. Se enfoca en los puntos de activación que se encuentran en cada músculo, lo cual le permite relajarlo. Debido a que el terapeuta masajea el área específica donde sientes dolor es posible que te sientas muy incómodo hasta que tu cuerpo no libere la tensión.

Aprendí (Robert) masaje sueco y de recuperación en mi posgrado en naturopatía, lo que me permitió conocer ambos tipos de terapia. Como parte del entrenamiento teníamos que cumplir con una cantidad de horas de práctica en una clínica bajo la supervisión de un monitor mientras trabajábamos con los clientes. Ellos nos describían su molestia y nosotros les aplicábamos la terapia que necesitaban.

Para entonces llevaba muchos años trabajando en mi espiritualidad y sabía cómo sintonizar con el cuerpo. Me di cuenta de que sentía cuando los músculos de los clientes liberaban la tensión, lo cual solía suceder después de quince o veinte minutos de trabajo. Lo malo es que se suponía que debía completar la hora de masaje y, conforme seguía, sentía cómo volvían a irritarse las áreas debajo de mis dedos. Cuando la sesión terminaba esos pobres músculos estaban tensos otra vez. Hablé con mis supervisores sobre esa sensación, pero no hicieron caso a mi advertencia.

Es fácil causarte más daño si ignoras las señales que te manda el cuerpo. Un masaje de una hora puede ser un regalo, pero solo cuando el trabajo es equilibrado. Sentimos que ambos estilos funcionan mejor juntos —primero un masaje de recuperación para que el musculo se relaje y después el suave y rítmico masaje sueco en el resto del cuerpo.

Por esta razón es importante saber primero si el terapeuta de masaje trabaja a nivel intuitivo. Te sorprenderá saber que muchos terapeutas famosos son muy espirituales. Algunos prefieren mantenerlo en secreto para no ahuyentar clientes potenciales, pero pronto entenderán que la espiritualidad es la razón por la que los guiaron hasta ellos. También pregúntale si usa aromaterapia durante el masaje. Es una ventaja adicional pues pone tus sentidos en marcha a nivel físico, emocional y espiritual. Tu cuerpo libera la tensión cuando inhalas el delicado perfume de los aceites esenciales. Algunos terapeutas hacen mezclas personalizadas según tus necesidades particulares.

## TERAPIA BOWEN

Desarrollada en Australia, la terapia Bowen es un tipo de terapia sutil y no invasiva que se ha vuelto popular en todo el mundo. Tom Bowen comenzó a trabajar con gente que sentía dolor. Siguiendo su guía intuitiva aplicaba una presión suave o pequeños movimientos ondulantes en áreas específicas. ¡La mayoría de sus pacientes sentía alivio inmediato! La noticia se difundió y la gente recorría grandes distancias para verlo. En 1973 dijo que había visto a 280 pacientes por semana y en 1976 trató a 13 000 pacientes aproximadamente. Estas sorprendentes cifras son la prueba perfecta de la guía intuitiva de Bowen y muestran que sanaba a niveles profundos. Después de varios años de práctica exitosa comenzó a enseñar sus métodos y después de su muerte, en 1982, su técnica le sobrevivió como la Terapia Bowen.

Durante el tratamiento Bowen, el terapeuta se asegura de que estés relajado y a salvo antes de comenzar a aplicar una secuencia de movimientos ligeros en áreas específicas de tu cuerpo. Esas manipulaciones ocasionan reacciones de sanación; un ajuste en cierto punto causa que la vibración se mueva por todo lo largo del músculo, algo parecido a cuando tocas la cuerda de una guitarra. Por ello es que el practicante trabaja en áreas donde no sientes el dolor.

Un aspecto diferente del tratamiento Bowen es que los terapeutas hacen una pequeña pausa entre los movimientos, lo cual permite que tu cuerpo absorba los mensajes que estos le envían. Lo mejor es no sobrecargar el sistema con demasiados mensajes al mismo tiempo, y esas pausas permiten que los practicantes vean la respuesta de tu cuerpo en cada ligero ajuste. Así saben qué movimiento deben hacer a continuación o si deben dejar que el cuerpo siga equilibrándose un poco más.

La terapia Bowen corrige desequilibrios físicos y usa la memoria muscular para devolverle la armonía a tu cuerpo. Desencadena una cascada de respuestas de sanación que siguen trabajando hasta 48 horas después. De manera que quizá no notes nada al terminar la sesión, pero sí lo notarás más tarde. La mayoría de las veces, los clientes sienten algo de mejoría de inmediato y se sienten mejor conforme avanza el día. Casi siempre solo son necesarios cuatro o cinco tratamientos y algunas molestias terminan después de una sola sesión.

Antes de hacer una cita pregunta al practicante cómo hace su trabajo. Algunos salen un momento de la habitación para dar intimidad a tu cuerpo mientras desencadena las reacciones que necesita. Los terapeutas intuitivos suelen quedarse contigo en la habitación y algunos hablan contigo para ayudarte a sacar estrés o emociones acumuladas. Antes había una regla estricta que no permitía incluir otras terapias mientras se usaba la Bowen, pero se han descubierto los beneficios de añadir otras modalidades. Ahora, algunos practicantes de Bowen incorporan métodos de energía durante sus pausas para activar la habilidad del cuerpo para curarse a sí mismo.

Si decides usar otras terapias además de la Bowen procura hacerlo en el orden correcto. Puesto que es una terapia sutil, las terapias donde el movimiento de las manos es más rudo pueden interferir con su trabajo. Procura que las sesiones de quiropráctica, fisioterapia o masajes sean uno o dos días antes de la sesión de terapia Bowen para obtener los mejores beneficios de todas ellas.

## FISIOTERAPIA

La fisioterapia, también llamada terapia física, implica estiramientos, ejercicios y técnicas de rehabilitación. Un fisioterapeuta (o terapeuta físico) aísla los músculos que provocan el dolor y trabaja con tu cuerpo para devolverle el rango de movimiento que debería tener. Algunas veces, los terapeutas practican estiramientos asistidos, en los que hacen que tu músculo llegue a un punto de restricción y lo fuerzan ligeramente para llegar más allá. En un principio puede causar molestia pero, cuando se hace de manera adecuada, te da mayor flexibilidad. También algunos trabajan con máquinas de ultrasonido para sanar los músculos a niveles más profundos; envían ondas de energía a tu cuerpo y lo estimulan para que se repare.

Los fisioterapeutas conocen muy bien los músculos del cuerpo. Son capaces de evaluar tu molestia y de explicar qué partes están ocasionando el problema. Si eres sensible explícaselo al terapeuta y pídele que comience con métodos más suaves. Una vez que te sientas más cómodo, no tendrás problemas para completar los estiramientos que recomiendan.

## Quiropráctica

Un quiropráctico se encarga de arreglar el desequilibrio estructural de la columna por medio de las manipulaciones manuales para ajustar las vértebras. Si has padecido de la columna durante mucho tiempo es posible que necesites sesiones frecuentes. Es importante preguntarle al quiropráctico cuál puede ser la causa del dolor y qué cambios puedes hacer en tu vida diaria para tener mayor comodidad. Conocer tu cuerpo y sus reacciones es una herramienta muy poderosa.

Algunos quiroprácticos se centran en el alivio y el mantenimiento superficiales más que en tratar la causa subyacente del problema. Busca uno que personalice tus visitas. Si alguno le da a cada paciente el mismo tratamiento en cada visita y le dice que regrese en dos semanas, mejor busca otro terapeuta. Lo mejor es encontrar a alguien que se centre en el trabajo de sanación más que en tener más clientes y concertar más citas.

Puede ser intimidante pensar en que alguien va a forzar los movimientos de tu columna, así que no olvides revisar las acreditaciones del terapeuta antes de la sesión. Un terapeuta que sigue estudiando, que asiste a seminarios y a entrenamientos cada año será de gran ayuda para tu salud.

## ACUPUNTURA

El método de sanación de acupuntura existe desde hace miles de años y nació a partir de la medicina tradicional china. Se basa en la idea de que hay canales de energía, o meridianos, que corren por el cuerpo y conectan a los chakras, o centros de energía. Cuando los chakras están limpios, la energía circula, pero esta fluye diferente si hay desequilibrios o bloqueos. La medicina tradicional china dice que esos bloqueos causan dolor y otros problemas de salud. Piensa en el agua: si no se mueve se estanca y no es saludable, el agua en movimiento es un componente esencial de la vida.

Los acupunturistas han identificado áreas específicas del cuerpo que actúan como puntos de inicio. Cuando son estimulados, estos puntos abren las compuertas de la energía y permiten que el cuerpo se cure a sí mismo. En esos puntos encajan pequeñas agujas y las dejan de quince minutos a una hora. Incluso la gente que teme a las agujas dice que la acupuntura no es terrible —los beneficios pesan más que la fobia—. No obstante asegúrate de que el practicante tome medidas sanitarias. Jamás debe reusar las agujas y debe desecharlas en un contenedor adecuado.

La investigación moderna ha descubierto que la acupuntura sí funciona aunque los científicos no están seguros de las razones, pues no le dan peso al conocimiento de la medicina tradicional china. Quizá no sea imprescindible entender cómo funciona cuando los resultados hablan por sí mismos. Pregunta a tus amigos o familiares que hayan tenido sesiones de acupuntura. Descubrirás que la mayoría ha tenido resultados positivos.

Por ejemplo, nunca he sido muy bueno para tratar espolones calcáneos (Robert). Trabajo con los pacientes para aliviar la molestia pero suele ser temporal. A menos que el espolón se disuelva o se quite quirúrgicamente, el problema no desaparece. En teoría hay algunas medicinas herbales naturópatas que disuelven los espolones, pero es un proceso demasiado largo.

Dicho lo anterior, a muchos pacientes les he dicho que vean a un acupunturista y, después de un par de sesiones, la condición no vuelve a presentarse. Ahora caminan sin dolor.

Una mujer escuchó a su guía interior y fue a ver a un acupunturista para sanar su molestia de estómago. Para tratar de curar su problema de acné, le dieron una medicina que también alteró sus hormonas. Durante el primer mes funcionó bien, pero después le ocasionó terribles efectos secundarios. Todos los días despertaba deprimida y cansada. Le dolía tanto el estómago que dejaba de comer. Lloraba durante varias horas.

Llamó al médico para hacer una cita, pero algo en su interior le decía que necesitaba opciones alternativas. Meditó y sintió una fuerte sensación de que sus ángeles querían que buscara algo diferente. La guiaron a una amiga que sabía mucho sobre medicina china. Ella le recomendó un practicante que le sugirió que intentara con acupuntura. Después de la primera sesión, ¡se sintió de maravilla! Tenía más energía y ya no le dolía el estómago. Esta mujer siguió escuchando la guía de sus ángeles y del practicante de medicina tradicional china y hoy vive feliz y sin dolor, y está sana.

## Encuentra al practicante perfecto para ti

Puesto que eres sensible a la energía del practicante que elijas, pide a tus ángeles que te lleven hacia la persona perfecta:

"DIOS Y ÁNGELES, POR FAVOR, ENVÍENME SEÑALES CLARAS QUE ME PERMITAN ENTENDER E INTERPRETAR CON FACILIDAD QUIÉN ES EL PRACTICANTE ADECUADO PARA MÍ. PIDO QUE SEA FELIZ, COMPASIVO Y CONGRUENTE CON LO QUE PRACTICA. CONFÍO EN SU DECISIÓN DIVINA Y SÉ QUE ENVIARÁN A LA PERSONA PERFECTA PARA MÍ. GRACIAS".

Muchos lectores nos han compartido que los guiaron milagrosamente al terapeuta adecuado después de decir una oración similar. Cuando trabajas con practicantes intuitivos, ellos pueden darte ideas que quizá no habías considerado. Tu sanación empieza cuando dejas que los ángeles te guíen.

---

Mucha gente ha tenido visitas sanadoras por parte de alguien que desaparece misteriosamente después de rescatarla. Tiina Agur, una mujer estonia que trabaja en Luxemburgo, padecía dolor en la cadera cuando un ángel la guio a que le hicieran cirugía de reemplazo de cadera.

La cirugía fue en 2013 (el noveno día del noveno mes a las nueve de la mañana). Cuando la llevaban en silla de ruedas a la sala de operaciones se sentía cómoda y relajada. El personal la tapó con unas sábanas de color verde que la mantuvieron calientita y a gusto.

Al lado de su cama apareció una mujer que se veía de 65 años. Llevaba ropa quirúrgica y el cabello cubierto. Parecía nórdica, de ojos azules, piel bronceada, como si pasara mucho tiempo en el exterior; tenía muchas arrugas y una sonrisa amable y reconfortante. Tomó la mano de Tiina entre las suyas y, sonriendo, le dijo: "Hola. Soy tu anestesista".

A Tiina le pareció muy amable que se tomara el tiempo para reconfortarla de esa manera. No recuerda nada más de lo que pasó después. En lo último que pensó fue en la gran paz que sentía con esa mujer que la cuidaba.

Al día siguiente, Tiina estaba platicando con su compañera de habitación. Le contó lo amable que fue esa mujer y le preguntó si ella también había sido su anestesista. Le contestó que no, que a ella la había atendido un joven. Con curiosidad, Tiina preguntó a varias enfermeras si conocían a la anestesista. Todas le dijeron que no conocían a nadie así. Y, negando con la cabeza, le dijeron que seguramente lo había soñado.

Tiina sabe que no fue un sueño, su anestesista era un ángel. Ahora está acostumbrándose a su cadera nueva. Cuando tiene molestias piensa en la cara de su anestesista y se siente mucho mejor.

Karen Malone siempre había soñado con convertirse en asistente de vuelo. Hizo realidad su sueño y se maravillaba ante el milagro de volar cada vez que el avión despegaba. Cariñosamente decía que el avión era su "oficina". No se imaginaba que a bordo sabría que sus oraciones serían escuchadas.

Poco tiempo antes de ese fatídico vuelo, Karen había sufrido la pérdida de su amada madre y la disolución de su matrimonio. Ambos traumas emocionales sucedieron con pocas semanas de diferencia. Además padecía de un terrible dolor de espalda. Después de que el doctor le practicara una batería de estudios, no encontraron nada que lo explicara. Tomó varias medicinas que le recomendó el especialista, pero parecía que el dolor solo empeoraba.

Durante ese tiempo, Karen se conectó con su espiritualidad. Comenzó por pedir ayuda a sus ángeles y por darles la bienvenida a su vida. Algunos días era todo un reto vestirse e ir a trabajar, pero persistió. Le daba miedo lo que le traería el futuro porque no quería privarse del gozo de volar.

Un día, durante un vuelo de madrugada que cruzaba Estados Unidos, Karen estaba sirviendo la bebida y un pasajero que parecía distinguido le preguntó: "¿Qué le pasa en la cadera?". Como asistente de vuelo, Karen había escuchado de todo. Lo tomó como otra pregunta extraña de las muchas que le habían hecho. Educadamente, le agradeció al pasajero su atención y le dijo que la espalda estaba dándole problemas. No contento con la respuesta, el pasajero insistió en que tenía problemas en las caderas. Le dijo que la visitaría después del vuelo. Otros pasajeros le habían hablado a Karen sobre curas milagrosas, así que pensó que sería una más. Pero, la interacción con este hombre le cambiaría la vida.

El señor era un doctor retirado. Le contó que él había padecido una molestia que lo hizo retirarse cuando seguía siendo joven. Le dio un pedazo de papel donde había anotado el teléfono de una enfermera e insistió en que le llamara para hacer una cita de inmediato. Le dijo que en Atlanta había un grupo de especialistas, y debía decirles que iba de parte de él. Antes de bajarse del avión se despidió de Karen diciendo: "Ellos te devolverán la vida".

"¿Está pasando esto de verdad?", Karen se preguntó. ¿Era posible que Dios hubiera hecho que este hombre se subiera en el mismo vuelo que ella para sanarla? Guardó el papelito pero no siguió de inmediato las indicaciones del doctor. Al contrario, insistió con otra ronda de dolorosas inyecciones en la columna que solo la aliviaron momentáneamente. Un día que apenas podía caminar, Karen encontró el papel y llamó al número. Había agotado todas las opciones y quería investigar una más. Mientras dejaba el mensaje seguía sin estar segura. Dejó un confuso mensaje donde decía que si creían en los ángeles, un señor en el avión le había dicho que llamara.

Quince minutos más tarde, una enfermera le devolvió la llamada y le dijo: "Sí, creo en los ángeles y amamos al doctor que le dio el número. ¿En qué podemos ayudarle?". Karen lloraba de emoción mientras le contaba su historia. La enfermera le aseguró que recibiría un tratamiento en unos meses. Le contestó que no podría aguantar el dolor durante tanto tiempo. La enfermera se conmovió y la anotó en la agenda en cuanto hubo una cancelación, a los dos días.

Karen estuvo bajo el excelente cuidado de un joven doctor y le realizaron una exitosa cirugía de reemplazo de cadera. Y apenas dos meses después, le practicaron

otra. Al despertar de la segunda, el doctor estaba sentado junto a ella. Le dijo: "Hoy te devolvimos la vida". Al
principio, Karen dudó si había muerto en la mesa de operaciones. El doctor le explicó que había encontrado un
espolón óseo en la cadera que estaba afectando la articulación y creando un agujero en el hueso de la cadera. Si
no lo hubieran encontrado, Karen habría terminado en
una silla de ruedas durante el resto de su vida.

¡Sus ángeles le llevaron la sanación que necesitaba a
30 000 pies de altura! Seis semanas después volvió a trabajar, sin dolor, cómoda y orgullosa.

## Confía en tu guía

Algunas veces, la guía que recibimos no tiene mucho
sentido. En lugar de juzgarla, mejor averigua qué pasa.
Mi esposo (de Doreen) Michael padecía unas migrañas
terribles que empeoraban durante las erupciones solares.
Al ser tan sensible no toleraba los medicamentos de farmacia —y tampoco los quería— así que intentó primero
con muchos métodos naturales. Nada funcionaba. Michael y yo le pedimos a Robert un consejo y le recetó la
medicina herbolaria *Ginkgo biloba*. Esta hierba mejora la
circulación en la cabeza y ayuda a aliviar la presión. Le
ayudó un poco pero aún sentía un gran dolor.

Michael le preguntó a su cuerpo qué necesitaba. Su guía
le dijo que su cuerpo era como una pila o circuito eléctrico.

Le dijo que beber vinagre de sidra de manzana con miel le ayudaría a alcalinizar su cuerpo y permitiría que la pila se recargara. ¡Y funcionó! Ahora toma vinagre dos o tres veces al día y no ha vuelto a sentir dolor de cabeza.

Rachel White buscó un remedio en la medicina convencional, pero al final siguió su guía interior para sanar el dolor de su hijo. Desde que tenía cinco años padecía eccema severo y continuamente empeoraba. Un día que estaba en la escuela, lo enviaron de regreso a casa porque tenía la piel herida y sangraba, lo cual representaba un riesgo para la salud de los demás niños, según los directores. Le prohibieron hacer deportes y los niños se burlaban de su piel. El eccema también le impidió nadar en el mar porque el agua salada hacía que le ardieran las heridas.

Rachel le pidió ayuda al médico, que la hizo sentir devastada cuando le dijo: "Lo siento, no puedo hacer nada por su hijo". Después hizo una cita con el especialista, ¡y le dijo que le diera baños de blanqueador! Le explicó que el blanqueador eliminaría la infección bacteriana y le daría oportunidad a la piel para sanar. De manera educada, Rachel le dijo que buscaría opiniones alternativas antes de intentar algo que le parecía tan drástico.

Entonces buscó en el camino espiritual. Los ángeles la guiaron para que intentara con una mezcla de aceites esenciales, nutrición y medicamentos para ayudar a su hijo. Ahora tiene nueve años ¡y ya no tiene eccema!

TERCERA PARTE

# SOLUCIONES ESPIRITUALES PARA ALIVIAR EL DOLOR

# CAPÍTULO NUEVE

# DESALOJA EL DOLOR DE MANERA ENERGÉTICA

La negatividad es la casa del sufrimiento. Mientras más aceptas, más susceptible te vuelves a sus efectos. Se perpetúa en un ciclo perjudicial: mientras más dolor sientes, más negatividad atraes. Pero cuando eliminas la oscuridad eres capaz de sentir la amorosa presencia de tus ángeles. Recuerdas que en la verdad espiritual eres perfecto, pleno y completo. Es solo una ilusión del dolor la que te detiene. Vamos a desalojar el dolor de tu hermoso cuerpo con unos métodos de sanación energética para que solo quede salud.

## Conecta con la naturaleza

La Madre Naturaleza es una maravillosa sanadora. Gran parte del sufrimiento que acumulamos se debe al hecho de que muchos vivimos y trabajamos en interiores. No es natural para ninguna criatura, incluyendo a los seres humanos. No fuimos creados para respirar el aire del aire acondicionado ni para trabajar con iluminación artificial. De hecho, los estudios muestran que muchas enfermedades modernas comenzaron precisamente en la época en la que la luz artificial se volvió común.

Necesitamos de la luz del sol, con moderación, para estimular a que el cerebro produzca el químico del bienestar, la serotonina. La serotonina también es la precursora de la melatonina, necesaria para que el cuerpo pueda dormir y repararse. La serotonina regula la respuesta del dolor y reduce su severidad. Sin una producción adecuada de estos químicos, nos despertamos sintiéndonos cansados, con malestar, de mal humor y con hambre de comida chatarra.

También necesitamos la luz del sol para asegurar que nuestro sistema obtiene suficiente vitamina D. Es verdad que no queremos ardernos, pero también es peligroso evitar la luz del sol. Los ángeles dicen que el espectro completo de luz es necesario para tener una salud óptima; el prisma del arcoíris que se encuentra dentro de la luz del sol alimenta a cada uno de los colores dentro del sistema de chakras, pues también es un arcoíris. Por ejemplo, si tienes molestias estomacales o conflictos de poder, el color amarillo del espectro de luz te puede ayudar a sanar, pues el amarillo es el color del chakra del plexo solar, el cual se asocia con estos temas.

Lee cuidadosamente la lista de ingredientes del bloqueador solar antes de ponértelo. Muchos contienen una gran cantidad de químicos tóxicos. Los poros de la piel son como pequeñas bocas que ingieren las cremas que le aplicas. Procura usar siempre bloqueadores solares orgánicos; los encuentras en las tiendas naturistas o en Internet.

Además, los ángeles dicen que la luz de la luna, de las estrellas, el atardecer y el amanecer también aumentan el bienestar general y sanan el dolor:

- *Amanecer*: ver un amanecer despierta a los chakras y proporciona un estímulo natural de energía. Esta vitalidad nos ayuda a lograr los objetivos del día con positividad y motivación.

- *Atardecer*: mirar un atardecer ayuda a que los chakras se relajen y nos prepara para tener un buen sueño. Nos limpia de las actividades del día y permite que el dolor se disuelva.

- *Luz de las estrellas*: estar bajo el cielo estrellado aumenta la creatividad y nos ayuda a ser más artísticos. Es ahí donde obtenemos la inspiración para sobreponernos al dolor. Quizá nos lleguen pensamientos de tratamientos nuevos que no habíamos considerado y nos guíen al practicante perfecto.

- *Luz de la luna*: desde la antigüedad, nuestros ancestros han considerado a la luna como un método poderoso para liberar todo lo que es tóxico de nuestra vida.

## Terapia con cuarzos

Los cuarzos son piedras sanadoras que poseen una energía inherente. Cuando tus dones espirituales despierten sentirás un latido de energía al sostener uno. Almacenan y dirigen energía sanadora, y el cuerpo la absorbe fácilmente. Cuando tienes un cristal y estableces tus intenciones, le das a la piedra una forma de dirigir su poder.

Los siguientes son maravillosos cuarzos y piedras para aliviar el dolor:

- *Amatista:* transforma la energía baja del miedo en amor. Aumenta tu intuición para que distingas el camino adecuado para seguir adelante.
- *Ónix negro:* saca de tu cuerpo el dolor viejo y las antiguas expectativas de dolor.
- *Ágata de encaje azul:* elimina la ansiedad y el estrés, proporciona consuelo a los nervios.
- *Cuarzo rosa:* abre el corazón y permite que la paz entre. Todo lo que proviene de un lugar de amor es sanador.

Otros cuarzos que brindan alivio son: granate, cuarzo transparente, ametrina, cornalina, jaspe rojo, sodalita, fluorita y ojo de tigre. Para recibir la ayuda sanadora

de estos cuarzos póntelos, sostenlos, trabájalos o duer-
me junto a ellos. (En el apéndice recomendamos ciertos
cuarzos para molestias particulares).

## LIMPIEZA DE LOS CUARZOS

Los cuarzos son herramientas sensibles que fácilmente
absorben energías negativas, por lo tanto, es mejor limpiarlos la primera vez que los llevas a tu casa. Es un boni-
to regalo para ellos y les muestra que los aprecias. También elimina cualquier asociación anterior —la energía
de los dueños, países y ambientes anteriores— y solo
queda energía de sanación. Los cuarzos provienen de todas partes del mundo y deben resistir al ser extraídos de
la tierra, escogidos por los mineros, empacados por los
distribuidores, tasados por los vendedores y apreciados
por los clientes antes de llegar a ti. En ese largo viaje pueden terminar agotados.

También procura limpiarlos si hace tiempo que no lo
haces. Piensa cuántas veces has pasado de largo junto a
ellos. Los cuarzos son como esponjas. Puesto que quieren ayudar, constantemente limpian todo tipo de energía. Es un servicio amoroso que hacen por ti. Limpiarlos
de manera regular es tu forma de agradecer la sanación
que han hecho sin que tú lo sepas.

Existen muchas formas de limpiar los cuarzos. Elige un método que sientas que es adecuado para ti. Una

práctica común es bañar la piedra en un tazón de agua con sal, pero no lo recomendamos porque la sal puede dañar la superficie de las piedras pulidas y ocasionar que se estrellen. Mejor intenta uno de los siguientes métodos:

- Entierra el cuarzo en un tazón de arroz integral crudo. Déjalo durante toda la noche y desecha el arroz por la mañana.

- Entierra el cuarzo en un tazón de pétalos de flores frescos, así se llena de energía y se limpia.

- Enciende una varita del incienso que más te guste y pasa el cuarzo por el humo. Cuando enciendas el incienso agrega la intención de que el humo limpia cualquier vibración negativa. Imagina que una luz blanca sale del incienso y despierta las propiedades sanadoras de tu cuarzo.

El arcángel Miguel es excelente para limpiar las energías negativas de los cuarzos. Invócalo diciendo:

"ARCÁNGEL MIGUEL, TE PIDO QUE ENVÍES TU ENERGÍA
PURIFICADORA A MIS CUARZOS SANADORES. POR FAVOR,
DESPIERTA SU CONOCIMIENTO INTERIOR PARA SANAR E INSPIRAR.
POR FAVOR, PREPARA MIS CUARZOS PARA QUE HAGAN
UN TRABAJO DE SANACIÓN
Y PONLOS EN LÍNEA CON MI ENERGÍA AHORA.
GRACIAS".

## PARA PROGRAMAR LOS CUARZOS

Después de limpiar los cuarzos debes recargarlos con energía positiva. Puedes hacerlo por medio de una oración: abre tu corazón y expresa tu gratitud. También puedes dejar los cuarzos al sol o a la luz de la luna durante horas.

Ahora están listos para que los programes con tus pensamientos amorosos. Es importante que trabajes con los cuarzos y no solo les digas lo que tienen qué hacer. Háblales como si fueran amigos amorosos, que lo son. Expresa tus sentimientos y admite cualquier preocupación o miedo. Deja que los cuarzos sepan exactamente qué esperas.

También comparte tus experiencias anteriores. En la oración incluye que estás dispuesto a aceptar lo que Dios y los ángeles te traigan. Si ven un método más fácil para que logres algo, ¡ten la mente abierta! No tienes que usar palabras o frases especiales para programar tus cuarzos; lo importante es la intención. Cuando tu intención es pura recibirás el mejor resultado posible.

Ten el valor de salir de tu zona de confort y hablar con sinceridad. Quizá te sientas raro hablándole a una piedra, pero trata de explicarle la situación como si estuvieras hablando con un amigo compasivo. No tienes nada qué perder si lo haces, ¡excepto la sensación de dolor!

## ELIXIR DE CUARZOS

Muchos cuarzos tienen un aura sanadora que puede pasarse a los líquidos. Muchos sanadores añaden piedras al agua que beben. Está bien en el caso de muchos cuarzos, pero hay minerales y cuarzos que son perjudiciales en el agua. Por ejemplo, la selenita puede disolverse por completo. También es difícil eliminar el polvo y los gérmenes de manera adecuada de la superficie del objeto y no creemos que quieras beber un elixir de bacterias.

Los ángeles nos enseñaron una forma segura y fácil para trabajar con la energía de los cuarzos. La energía de los cuarzos pasa fácilmente al agua a través del cristal. Entonces, lo único que tienes qué hacer es verter agua en un contenedor limpio y rodear la base exterior con los cuarzos que hayas elegido. Así recibirás la energía sin el peligro de contaminarte.

Elige cristales que sanan el dolor como amatista, ónix negro, ágata de encaje azul y cuarzo rosa. El cuarzo rosa brinda al agua una energía muy sutil y tranquilizadora. Puedes colocar los cuarzos en la noche antes de acostarte y al despertar tendrás un elixir con infusión de cuarzo.

## El poder de la luna

El ciclo de la luna es una de las constantes de la vida. Puedes estar seguro de que aumenta hasta llenarse y mengua hasta que queda una cuña, y el ciclo se repite. Si te alineas con la energía de este ritmo puedes elegir el momento perfecto para rezar por tus metas, estén o no relacionadas con la salud.

Muchas prácticas religiosas y espirituales están ligadas a los ciclos de la luna, como la Pascua.

Cuando la luna va de nueva a llena, conocida también como creciente, es el tiempo perfecto para rezar por cosas que quieres atraer. Es una oportunidad para rezar por sanación, abundancia, amigos afines y nuevas puertas que se abren.

Cuando la luna va de llena a nueva, también se conoce como menguante, es el tiempo perfecto para soltar. Suelta las toxinas, el dolor, el corazón roto y el "mal-estar". Al trabajar con esta sencilla verdad universal añades a tus oraciones una dimensión extra de fuerza.

La verdad es que no hay nada más influyente que la oración. Estás aprovechando el poder del Divino y permitiendo que todos tus ángeles intervengan por tu bien mayor. Cuando pides ayuda celestial, tus necesidades siempre son cubiertas.

Algunas veces ignoras o no notas la guía que el cielo está intentando darte. Afortunadamente, tus ángeles nunca se enojan, ni se frustran ni se molestan. Te aman de manera incondicional y siguen mandándote mensajes importantes hasta que los entiendes. Saben que eres humano; aunque en realidad eres un ser espiritual, sigues en la Tierra viviendo una experiencia humana. Lo anterior significa que eres propenso a cometer errores y a enredarte fácilmente en las actividades de la vida diaria. Puedes estar seguro de que tus ángeles jamás se van de tu lado, ni un segundo. Están contigo, guiándote todo el tiempo.

A continuación tienes una ceremonia de luna llena que quizá quieras llevar a cabo. Siéntete con la libertad de adaptarla a ti y deja que tu intuición te guíe durante todo el proceso.

### SUELTA CON LA LUNA LLENA

*Herramientas:*

- Vela blanca
- Pluma
- Papel
- Cuarzo amatista

Prepárate para la ceremonia de la luna llena, relájate y piensa que estás dispuesto a soltar. Puedes darte un baño de tina o en la regadera para limpiarte.

Lleva tus herramientas al exterior y ponte en un lugar donde no te molesten. Quédate de pie o sentado bajo la luna llena. No importa si hay nubes que tapen la luz, pues la energía de la esfera celestial llega a ti con intensidad.

Sostén en alto la vela blanca hacia la luna y di:

"POR FAVOR, ENVÍA TU LUZ A TODOS LADOS, VISIBLES E INVISIBLES. PIDO QUE LA LUZ ILUMINE MI AURA PARA RECORDARME MI VERDADERO ESTADO DE SALUD. ESTOY DISPUESTO A SOLTAR TODO LO QUE YA NO ME SIRVE Y TODO LO QUE ME CAUSÓ DOLOR EN EL PASADO. ES EL MOMENTO DE AVANZAR. ÁNGELES, POR FAVOR, AYÚDENME EN ESTA LIMPIEZA MIENTRAS ME LIMPIO DE TODO LO QUE CARECE DE EQUILIBRIO. GRACIAS".

Enciende la vela y quédate mirando la flama. La luz viaja desde la luna hacia la vela y desde la flama hasta tu corazón. Deja que el calor suavice tus emociones y te dé valor para soltar.

Toma la pluma y escribe en la parte superior del papel: "Estoy dispuesto a soltar y liberar". Y escribe todo lo que ya no necesitas. Incluye cosas como: dolor, molestias, corazón roto, enojo, resentimiento, celos, no perdonar, confusión y duda. Toma la amatista, elévala hacia la luna y di:

"*AMATISTA, POR FAVOR, TRANSFORMA TODOS ESOS PENSAMIENTOS Y SENTIMIENTOS NEGATIVOS EN ENERGÍA POSITIVA, FELICIDAD Y SALUD*".

Envuelve el cuarzo con el papel o dóblalo y acomoda la amatista encima. Colócalo en un lugar donde lo veas regularmente pero no todo el tiempo. Un buen sitio es encima de la cómoda de tu habitación o en una repisa del estudio.

En un mes abre el papel. Lee las cosas que querías soltar y tacha las que ya no están. Después tira el papel.

Si quieres puedes repetir esta ceremonia al mes siguiente.

## Bendición del agua en luna llena

Los ángeles nos guiaron para aumentar la energía del agua que bebemos. Por medio de este ritual puedes beber la vitalidad y la vibración del amor.

Gabriel y los demás ángeles sugieren que pongas el agua para beber bajo la luz de la luna llena, cuya energía es de manifestación intensa. El arcángel Gabriel dice que puedes usar agua en botellas de vidrio o hacer una tanda de sanación especial para usarla durante varios días. Deja que el agua descanse durante la noche, tápala para evitar que se contamine.

Hemos descubierto que el agua que la luna bendijo tiene un sabor más dulce y una vibración palpable. Beberla te ayuda a soltar las cosas que ya no te sirven y a darle la bienvenida a la energía fresca de la siguiente fase de tu vida.

## Terapia con árboles

Los árboles son poderosos sanadores y maestros para quienes tienen la sensibilidad suficiente para escuchar sus mensajes. Yo (Doreen) me senté entre árboles y escribí sobre sus mensajes en mi libro *Sanación con hadas* (publicado por Grupo Editorial Tomo). Descubrí que cada árbol (como cada persona) tiene un propósito de vida específico. Algunos te ayudan a aumentar tu confianza, otros te ayudan con problemas en tu relación, otros a manifestar abundancia, etcétera. Pregúntale al árbol cuál es su propósito y confía en la respuesta que recibas.

Los árboles también pueden hacer sanaciones físicas. Si te sientes cansado, enfermo o herido, recarga la espalda contra un árbol. Puede ser sentado o de pie. De inmediato sentirás que el árbol empieza a absorber toxinas, dolor y energías negativas. ¡Es un proceso maravilloso! Y no te preocupes, no lastimas al árbol. Así como son capaces de convertir el dióxido de carbono en oxígeno fresco, también purifican y transmutan la energía del dolor viejo.

## Terapia con flores

Debido a que a menudo se nos olvida pedir ayuda, la Madre Naturaleza nos proporcionó flores para recordárnoslo. Son representaciones físicas del amor de nuestro creador y señales de la presencia celestial que nos rodea. Cuando trabajas con flores es como si le dieras a los ángeles una nota de autorización para que intervengan en tu vida. Hasta que no la reciben, son incapaces de ayudarte; deben quedarse al margen y solo mirar.

Durante el día quizá veas de repente una sola florecita que se asoma por una grieta en la banqueta o los hermosos arbustos del jardín del vecino. Quizá nunca los hayas visto pero hoy te cautivaron. Los ángeles dicen que, en estos casos, pusieron justo ahí las flores para ti como parte de su sagrado propósito de sanarte. Cuando te detienes y reconoces la presencia de los ángeles, les das permiso de ayudar. Entonces, date un momento para hacer una pausa y oler las rosas, literalmente. Sentirás que tu mente está más despejada y centrada, y recibirás ayuda en tu camino de sanación.

A veces sientes que el caos y el drama de tu vida diaria te sobrepasan. Esos sentimientos aparecen como una niebla psíquica dentro de tu aura, lo cual dificulta saber hacia dónde es arriba, hacia dónde es adelante y hacia dónde quieres ir. La sensación de dolor aumenta y solo eres capaz de ver lo peor de la situación. Cuando das la bienvenida a las flores en lo que te rodea, la energía negativa se transforma de inmediato y se alivia tu dolor.

Empezar a trabajar con flores es tan fácil como llevar flores frescas a tu casa o plantar semillas en el jardín. Las imágenes son tan fuertes como las flores frescas. Puedes usar imágenes como una herramienta poderosa para rodearte de energía positiva y motivadora. Nos guiaron a usar imágenes de flores como fondo de pantalla de la computadora, del celular y como arte contemplativo en la casa. Cuando sientes dolor puedes mirar la imagen y llamar a tus ángeles. (Si quieres saber formas más profundas para conectarte con los ángeles de la naturaleza lee nuestro libro *Flower Therapy*).

Recomendamos algunas flores en particular para la sanación:

• La mejor es la **rosa blanca** y está conectada a los arcángeles Miguel, Rafael y Metatrón. Te brinda claridad, sanación y equilibrio en todos los aspectos. Cuando llevas una flor blanca a tu casa motiva la energía, elimina la oscuridad y la tensión y te purifica. Nos encanta usar una rosa blanca como varita mágica; pásala por tu aura, en especial por las áreas donde sientes incomodidad. Puedes sentir que el dolor es extraído de tu cuerpo. Para que te entregues aún más al momento pide a alguien que amas que pase la rosa por tu cuerpo. (En el Capítulo 11 te compartimos una ceremonia de limpieza más profunda en la que se usa una rosa blanca).

También puedes poner la imagen de una rosa blanca en la funda de tu almohada o debajo del colchón. Mientras tú duermes, la rosa elimina el dolor de tu cuerpo y de tu aura. También ayuda a eliminar las emociones negativas. Si en el celular tienes una imagen de una rosa blanca puedes despejarte fácilmente, en donde sea, en cualquier momento.

• **Violetas africanas:** son excelentes para tenerlas en la sala, en tu habitación o en tu oficina. Purifican la energía del ambiente volviéndolo más cómodo para tu alma sensible. Si tu alrededor está lleno de toxinas y energía densa puedes sentir más dolor de lo habitual. Tener violetas africanas en tu casa o donde trabajas te asegura que ahí solo hay energía positiva. También funcionan muy bien las imágenes de violetas.

Yo (Robert) he llegado a apreciar estas pequeñas flores. Tengo violetas en mi clínica y en mi casa. Todavía no soy un experto en cultivarlas, pero he descubierto que son las más felices cuando las cambias de lugar, una semana en interior y otra semana en la sombra, en el exterior.

• **Caléndula:** ayuda a aliviar el dolor al evitar que la energía negativa nunca llegue a ti. Funciona como un tratamiento preventivo y reduce la severidad del dolor, en especial si se deriva de un ataque psíquico. Al tomar té de caléndula fortaleces el aura y creas un escudo de energía a tu alrededor. No puede entrar nada negativo y el dolor sí puede salir.

Las vibraciones bajas viajan a través de los correos electrónicos, el teléfono o las redes sociales. Protégete de la energía negativa colocando una imagen de una caléndula en tu oficina o lugar de trabajo o como fondo de pantalla en tu teléfono.

• **Fresias:** dan confianza y valor. Te dan un respaldo emocional y también fortalecen la columna. Planta estas flores en tu jardín para afirmar que tienes un cuerpo fuerte y sin dolor, y una columna resistente.

## Sanación con cuenco tibetano

Un cuenco tibetano es un instrumento diseñado para sanación y meditación. El sonido es similar al que se produce al frotar el dedo por el borde de una copa de vino, pero a mayor escala. Los más comunes son los cuencos tibetanos de cuarzo o de metal; ambos son igual de efectivos para crear vibraciones sonoras que disipan la energía negativa.

Como hemos visto, la energía negativa es donde vive el dolor. Puedes encontrar a un practicante que trabaje con cuencos tibetanos o hacerlo tú mismo. Te sugerimos que primero los pruebes, verifica que resuenen con tu energía y que sientes los beneficios antes de invertir en ellos.

Cuando escuchas los cuencos, de inmediato entras a un estado de relajación. Tu respiración se calma y tu mente se tranquiliza. Te vuelves un recipiente receptivo para la energía sanadora. Tocar el cuenco durante solo unos minutos marca una profunda diferencia. Después cierra con la siguiente afirmación de sanación:

"Ángeles, por favor, mándenme toda la energía de sanación que puedan. Estoy dispuesto a recibir su guía y su energía, pues confío en sus métodos. Sé que me cuidan y me guiarán en el camino del bienestar. Por favor, ayúdenme a sentirme bien, relajado y completamente cómodo en mi cuerpo. Gracias".

## Limpieza de chakras

Como mencionamos en el capítulo anterior, los chakras son los centros de la energía vital. Son como esponjas que absorben cualquier tipo de energía, de manera que es posible que contengan cosas que no son para tu bien superior. Para asegurar que en ti solo hay energía positiva y amorosa es bueno que limpies tus chakras. También es una forma excelente de eliminar las toxinas del cuerpo. Los chakras son como el aire acondicionado en el sentido de que succionan energía al mismo tiempo que la envían fuera. Y, al igual que el filtro del aire acondicionado, los chakras pueden ensuciarse y obstruirse con vibraciones negativas. Al limpiar esos desechos psíquicos, te aseguras de que tus chakras funcionan en un equilibrio perfecto.

La limpieza de los chakras purifica tu cuerpo de energía negativa y de la vibración del dolor. Hace espacio para la comodidad, la paz y la tranquilidad. ¿Recuerdas que en el Capítulo 3 te dijimos que tu cuerpo era como un clóset? Si las repisas están llenas de cachivaches viejos e inútiles, no hay espacio para poner cosas nuevas y emocionantes. Lo mismo pasa con tu cuerpo. Limpia la energía negativa para que la reemplaces con vitalidad y bienestar.

El siguiente es un método de limpieza ofrecido por el arcángel Metatrón, quien fuera el profeta bíblico Enoc que ascendió al reino de los arcángeles para convertirse en el guía de los nuevos en el camino espiritual. El arcángel Metatrón brinda equilibrio a todas las áreas de tu vida. Ayuda a corregir las asignaciones desproporcionadas de trabajo, descanso y diversión, y mantiene un equilibrio energético y espiritual en el sistema de chakras. Cada vez que te sientas atorado, bloqueado o "nublado", invoca al arcángel Metatrón para que te sane.

## EL SAGRADO RAYO DE LUZ DEL ARCÁNGEL METATRÓN

Encuentra un lugar tranquilo y comienza por respirar profundamente. Cierra los ojos y relájate. Invoca a Metatrón diciendo:

"DIOS MÍO Y ARCÁNGEL METATRÓN, POR FAVOR LIMPIEN Y EQUILIBREN TODA MI ENERGÍA Y MIS CHAKRAS CON SU SAGRADO RAYO DE LUZ. PURIFIQUEN MI CUERPO DE DOLOR Y REEMPLÁCENLO CON BIENESTAR".

Visualiza que un rayo de luz blanca desciende del cielo hacia ti. Relájate y observa cómo Metatrón guía esa energía sanadora hacia la parte superior de tu cabeza.

Visualízate lleno de esta luz. Siente que su energía llena todas tus células con la pureza del amor angélico. Quizá veas símbolos antiguos enviados a través del rayo, si es así, permíteles que realicen su magia de sanación dentro de tu alma. Quizá reconozcas algunas de esas figuras y

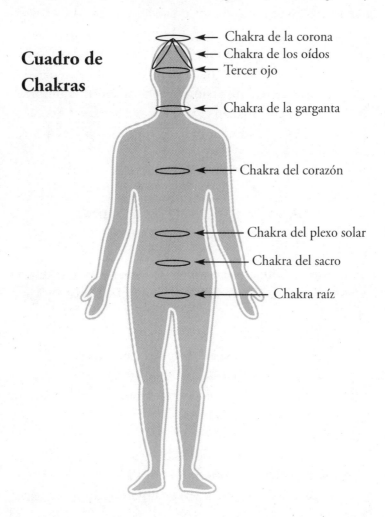

**Cuadro de Chakras**

Chakra de la corona
Chakra de los oídos
Tercer ojo
Chakra de la garganta
Chakra del corazón
Chakra del plexo solar
Chakra del sacro
Chakra raíz

otras no te sean familiares. No es necesario que entiendas todas. Más bien, confía en los ángeles y en Dios.

Ahora, permite que el rayo pase hasta tu chakra raíz, en la base de la columna. Nota que se transforma y toma color rojo rubí. Esta luz limpia los bloqueos y activa este chakra.

Cuando la limpieza esté completa, el arcángel Metatrón guiará el rayo hacia el chakra del sacro. Aquí toma un color anaranjado vibrante. Siente que la luz disuelve la oscuridad y te sana.

Sigue trabajando con Metatrón con el resto de tus chakras:

- **Plexo solar** — amarillo
- **Corazón** — verde y rosa
- **Garganta** — azul cielo
- **Oídos** — rojo-violeta
- **Tercer ojo** — azul oscuro
- **Corona** — púrpura y blanco

Cuando te sientas listo, agradece a Metatrón diciendo:

"GRACIAS, ARCÁNGEL METATRÓN, POR ESTA SANACIÓN Y LIMPIEZA. POR FAVOR, SIGUE TRABAJANDO CONMIGO CONFORME VAYA SOLTANDO TODAS ESAS ENERGÍAS VIEJAS QUE DEMORAN MI SANACIÓN. AHORA ESTOY LISTO PARA RECIBIR EL BIENESTAR QUE ES EL SIGUIENTE CAPÍTULO DE MI VIDA".

Mientras más trabajes con este método, se volverá más suave y rápido. Al principio quizá te tardes cinco minutos o más en cada chakra. Si haces limpiezas regulares, entonces no hay estancamientos ni desechos psíquicos que haya que quitar, de manera que en pocos minutos puedes realizar todo el proceso.

Como dicta la Ley del Libre Albedrío, los ángeles deben tener tu permiso antes de ayudarte. El uso de este método permite que Metatrón limpie la energía negativa, aunque tú no te des cuenta.

# Capítulo diez

# MÉTODOS ESPIRITUALES DE SANACIÓN

Todo el mundo tiene la capacidad de trabajar con el cielo y no necesita un entrenamiento especial ni oraciones específicas para hacerlo —solo es necesario el amor de tu corazón—. Los ángeles dicen que todo lo que proviene de un lugar de amor contiene energía sanadora.

La sanación tiene muchas formas. Puede empezar como un pensamiento o el ansia de realizar un cambio necesario. Haz el compromiso de confiar en tu intuición y después pide la guía del cielo. La sanación Divina puede ser instantánea. Muchas personas han sentido que ocurrieron milagros cuando rezaban para pedir ayuda, como leerás en este capítulo. Otras veces, la gente es guiada a la terapia perfecta, al practicante o a la solución adecuada para su problema.

Cuando te entregas al momento, los ángeles pueden hacer mejor su trabajo. Algunas veces, una situación se resuelve solo cuando sueltas las riendas. Cuando empecé (Robert) a hacer sanación con los ángeles estaba acostumbrado a conducir mis propias sesiones terapéuticas. De manera que, cuando los ángeles me daban indicaciones claras de que me hiciera a un lado, me quedaba estupefacto. Me dijeron que la resistencia y tener expectativas de la manera en que fluirá la sanación pueden frenar el proceso. Lo mejor es soltar el control y los ángeles harán su trabajo.

En este capítulo vamos a explorar las diferentes formas de pedir ayuda Divina para aliviar el dolor.

## Invocando a tus ángeles

Tú, al igual que todos los demás, tienes ángeles. Son parte de nuestra fisiología, son esenciales como cualquier otra parte de nuestra anatomía. Así como naciste con un corazón y unos pulmones, también naciste con ángeles. Los tuyos han estado contigo desde antes de que nacieras y te conocen mejor que nadie en este plano terrenal. Estuvieron contigo cuando elegiste esta vida y saben cuál es el propósito de tu alma. Los ángeles son creados a partir de la inteligencia Divina y del amor sanador de Dios. Estos seres de puro amor y luz te rodean y te guían a lo largo de un camino de paz y satisfacción.

Los ángeles no pertenecen a ninguna religión y ayudan a todos por igual. Un punto muy importante es que *los ángeles no quieren que les recen ni que los adoren* y le dan toda la gloria a Dios el Creador. Puedes invocar a los ángeles porque Dios los creó para que nos ayudaran durante nuestra existencia terrenal. También puedes trabajar con los ángeles junto con Jesús, los santos o tus preferencias religiosas personales.

Lo único que quieren tus ángeles es ayudarte. No obstante, como hemos mencionado, la Ley del Libre Albedrío implica que no pueden intervenir en tu vida sin tu permiso expreso. Debes pedirles su ayuda. No necesitas decir palabras u oraciones especiales, con pensar *¡Ayúdenme!* es suficiente. Haz el compromiso de llamar a tus ángeles todos los días y permitirles ayudarte.

Claro que tienes la libertad de ignorar por completo los mensajes Divinos que recibes. Aún así, rezamos para que escuches y que cada día más gente empiece a escuchar a sus ángeles. Cuando todos escuchamos la guía que viene de arriba, el mundo se llena de luz. Encontrarás oportunidades de sanación, logro y amor cuando estés en sintonía con las voces de lo Divino.

⬩◈⬩

Existen tres tipos diferentes de ángeles: ángeles, ángeles de la guarda y arcángeles.

1. Hay una cantidad ilimitada de ángeles a los que puedes invocar. Cuando pides sanación estás accediendo a la inagotable tienda del amor de Dios para ayudarte o para ayudar a alguien más. Algo muy importante que debes saber es que nunca le quitas ángeles a nadie. Los ángeles bajan constantemente desde el cielo para estar con nosotros. Si recibes la guía de mandar 100 000 ángeles a una persona o situación, no reduces la cantidad de ángeles disponibles. Más bien, estás rodeando esa parte del mundo con una luz tan brillante que sus efectos de sanación se extienden desafiando las restricciones del tiempo y el espacio, y mejorando la vida de todos los que estén dispuestos a recibirlos.

2. Los ángeles de la guarda son tus ángeles personales. Son un poco diferentes a los seres amados que han fallecido, quienes aunque tienen una naturaleza angélica, no pueden clasificarse técnicamente como ángeles. Quizá hayas oído a alguien decir que siente que su abuela es su ángel de la guarda, pero la gran diferencia es que los ángeles nunca han estado en la Tierra y no tienen ego.

Tus ángeles de la guarda quieren que tengas éxito. Te dan ligeros empujoncitos hacia el camino menos difícil. Te recuerdan tu propósito y se aseguran de que completes la misión de tu alma en esta vida. Estos ángeles estuvieron contigo en el momento en que firmaste el contrato para esta vida, así que saben cuál es el verdadero propósito de tu vida en la Tierra. También pueden ayudarte a conocer la causa de tu dolor físico.

Tus ángeles de la guarda te conocen mejor que nadie y son los mejores amigos que tendrás jamás. Tómate un momento para invocarlos ahora. Pídeles que te den señales de su presencia:

"Dios mío, gracias por mandarme a mis ángeles de la guarda. Ángeles de la guarda, gracias por su constante amor y apoyo. Sinceramente valoro todo lo que hacen por mí, incluso cuando se me olvida reconocerlos. Por favor, háganse notar enviándome señales claras que yo reconozca y entienda con facilidad. Me encantaría saber cómo se llaman y confío en que será una señal de su parte cuando escuche nombres tres veces o más durante esta semana. Los amo".

3. El tercer grupo es el de los **arcángeles**, que son los directores del reino angélico. Son ligeramente más grandes y su presencia es más imponente que la de los demás. Para asuntos de sanación trabajamos con los confiables arcángeles Miguel y Rafael. En ciertos casos de sanación también trabajamos con el arcángel Metatrón para ciertos tipos de sanación.

- Arcángel Miguel, cuyo nombre significa "El que es como Dios", es un arcángel muy grande y poderoso protector. El arcángel Miguel sana al liberar los efectos del miedo y la negatividad de nuestro cuerpo, emociones y mente. Miguel nos da valor, fe y confianza.

- El arcángel Rafael es un arcángel dulce y poderoso que se especializa en la sanación emocional y física. Descrito originalmente en el no canónico Libro de Tobías, el arcángel Rafael es un santo en algunos tipos de fe cristianas. Ha sido considerado como *el* ángel de la sanación.

- El arcángel Metatrón es uno de los dos profetas humanos bíblicos (el otro era el profeta Elías, que se convirtió en el arcángel Sandalfón) que ascendieron al reino de los arcángeles en una carroza de fuego. Metatrón era el profeta Enoc que llevó una vida tan beata y angélica que Dios lo transformó en un arcángel. Metatrón guía a aquellos que son nuevos en la vida espiritual, incluyendo a los niños dotados espiritualmente.

De acuerdo a tus creencias religiosas también puedes invocar a Jesús, a la Virgen María o a los santos sanadores, además de Dios y los ángeles. Creemos que, mientras más intercesión celestial tengamos, mejor.

## El sanador supremo: arcángel Rafael

De todos los arcángeles, Rafael (cuyo nombre significa "Dios sana") en particular ayuda de forma maravillosa a aliviar el dolor. Se encarga de cuestiones físicas, emocionales y espirituales. Cuando invocas a Rafael, le das permiso de llevar sanación a todos los aspectos de tu vida; a todos los problemas y bloqueos. Su luz combate cualquier pensamiento o percepción de dolor. Cuando le permites el acceso a tu cuerpo eliminas cualquier forma de sufrimiento.

Rafael sana con una luz de amor de color verde esmeralda. Esta energía tiene inteligencia propia, sabe en qué áreas necesitas más ayuda y fluye de manera natural a donde se requiere. No tienes que hacer nada para ayudarle. De hecho, lo mejor que puedes hacer es moverte a un lado y dejar que los ángeles hagan su trabajo. Ríndete al proceso y permítete sanar.

Invoca al arcángel Rafael diciendo:

"DIOS Y ARCÁNGEL RAFAEL, POR FAVOR, SÁNENME. LES PIDO QUE ELIMINEN CUALQUIER FORMA DE DOLOR DE MI CUERPO Y DE MI AURA. CONFÍO EN USTEDES Y LES PERMITO HACER SU TRABAJO SAGRADO DE SANACIÓN. GRACIAS".

Pedir la ayuda sanadora de Rafael brinda notables resultados, como descubrió Teresina Díaz. Ella estaba pendiente de los mensajes de parte de los ángeles en su vida diaria. Uno de esos mensajes eran plumas. Solía encontrarlas cerca de su coche, en el balcón, ¡incluso dentro de su casa! Sabía que encontrar todas esas plumas en poco tiempo significaba que los ángeles estaban diciéndole que se preparara, pues pronto la llamarían para entrar en acción. Teresina eligió soltar el miedo y entregar la situación. Sabía que, si escuchaba a su guía, todo estaría bien.

En julio de 2013, a una querida amiga de Teresina le diagnosticaron cáncer de mama. Una semana después de que Teresina se enterara de la terrible noticia, cerca de su coche, encontró muchas plumas en el pavimento. Estaba acostumbrada a encontrar una o dos plumas, como aviso de los ángeles, pero ver tantas le hizo entrar en pánico. Una cantidad mayor de plumas era una señal Divina de que algo importante estaba a punto de pasar, pero también le aseguraba que todo iba a estar bien.

Al principio, Teresina trató de no hacer caso a su intuición. Se dijo a sí misma que quizá era un pájaro que había tenido un final infortunado. Pero la siguiente semana encontró plumas en todos lados. Había plumas en su balcón, en la entrada de su departamento, cerca de su coche y dentro de su casa. Al final aceptó que los ángeles estaban mandándole un mensaje y pensó que era una señal para decirle que su amiga estaría bien.

Un día, Teresina se dio cuenta de que el ojo le dolía cada vez que veía una luz. Esa noche no pudo dormir por el dolor. Al día siguiente canceló todas las citas con clientes que tenía en los próximos días porque tenía el ojo rojo e hinchado, y estaba empeorando. Unos días más tarde, ya no lo soportaba. No tenía seguro de gastos médicos, pero sabía que debía ir al hospital. Su hijo y ángel terrenal, Erik, fue al rescate y la llevó al hospital.

Cuando llegaron al hospital, los doctores vieron que el problema era serio. Querían operarla de emergencia pero algo le dijo que esperara. Escuchó una voz muy clara, un susurro junto a su oído, "Si te quedas, perderás el ojo". Entonces, Teresina decidió ir a México a visitar a sus padres y dejar que el ojo sanara solo. Los doctores le recetaron antibióticos y la dejaron irse. (Cuando todo había pasado se dio cuenta de que, el no tener seguro de gastos médicos facilitó su decisión. Sin embargo, cancelar una cirugía de emergencia no es una decisión que deba hacerse a la ligera o sin apoyo).

Cada vez que Teresina volvía a México solía oler la fragancia de las flores, una señal común de que los ángeles están cerca. Durante ese viaje, el aroma era tan fuerte que ¡la gente le preguntaba qué perfume estaba usando! Teresina se dio cuenta de que las plumas que había estado encontrando eran señales para ella y no por su amiga. Eran recordatorios para decirle que Dios estaba ayudándola y que todo se resolvería.

En ese ambiente pacífico, Teresina fue guiada al doctor perfecto, otro ángel terrestre, que también creía en el poder sanador del cielo. Este doctor angélico descubrió que una operación que le habían practicado para corregir su miopía provocó que tuviera una bacteria agresiva en el ojo. Debido a que los doctores del hospital la vieron cuando la infección era grave, su opinión fue que debían operarla para evitar que perdiera la vista. El nuevo doctor le sugirió que continuara tomando el antibiótico que le recetaron, y le recomendó que tuviera pensamientos positivos y trabajo de energía.

Teresina rezó para que Dios y el arcángel Rafael le ayudaran a sanar el ojo. Una noche sintió que el arcángel la llevaba a un templo de esmeralda. La guiaron para que se acostara en una cama de sanación de color verde esmeralda. Con un instrumento parecido a un láser hecho de cuarzo, los ángeles apuntaron a su ojo y salió un rayo dorado de luz. Sintió que el arcángel Miguel estaba junto a ella sosteniendo su mano.

Cuatro semanas más tarde, el ojo de Teresina estaba completamente sano y ya no tenía molestias. Su doctor y su familia estaban maravillados ante la rapidez de su mejoría. Recuperó la vista y ahora ve la vida desde otra perspectiva. Confía en el poder sanador de los ángeles más que nunca y pasa la voz enseñando a los demás.

———— ❖ ————

Algunas veces, los milagros de sanación suceden cuando la gente decide que el dolor ya no tiene lugar en su vida. En julio de 2006, a Andrea Kingsbury le diagnosticaron la enfermedad de Lyme, una condición grave transmitida a través de las garrapatas, la cual le afectó de manera física y neurológica, y tenía dolor y fatiga. Algunas veces, se sentía como si la hubiera atropellado un autobús y solo quería dormir todo el día. ¡Un lado de la cara se le paralizó parcialmente! Le recetaron una serie de tratamientos con antibióticos pero los efectos de la enfermedad duraron meses.

Había días en los que Andrea se sentía bien, pero tarde o temprano volvía el malestar. Era terrible para ella cuando intentaba estar con sus hijos pequeños. Finalmente, llegó a un punto en que no pudo soportarlo más. Ya habían pasado siete largos meses y se negaba a seguir enferma, ya era hora de sentirse bien.

Unas semanas después de esta decisión, Andrea estaba en uno de los periodos en los que se sentía mejor. Estaba de vacaciones en Florida, y despertó justo antes del amanecer cuando le cayó de repente un rayo de luz verde esmeralda. El característico color hizo que Andrea supiera que era el arcángel Rafael respondiendo a sus oraciones. La luz la rodeó y sintió que estaba sanando. Entonces, de manera abrupta, desapareció. Andrea se preguntó si ese maravilloso evento se repetiría.

A la mañana siguiente sucedió lo mismo, justo antes del amanecer. Andrea sintió que la luz verde esmeralda sanaba cada una de las células de su cuerpo. Escuchó una voz que decía lo que ella había sentido: "Has sido sanada".

Al día de hoy, Andrea no ha tenido una sola recaída de la enfermedad de Lyme y rara vez se enferma. Antes de esta experiencia solía padecer infecciones constantes, ahora son parte del pasado. Al principio, a Andrea le daba miedo compartir su experiencia con los demás pero, gracias al apoyo de su maestra de reiki, Carmen Carignan, se volvió más segura y adquirió la confianza para contar su historia.

———❧———

Los ángeles te sanan solo en la medida en que lo permites. Es importante que sueltes tus expectativas y que estés dispuesto a que se presente el mejor escenario. Sabrina Muenzer, de Austria, sanó un dolor en el ojo con la ayuda del arcángel Rafael.

Cuando era niña, la pasaron al último lugar de la fila en el salón de clases y se dio cuenta de que así podía ver claramente el pizarrón, ya que desde la primera fila veía borroso. Corrió a su casa para contarles a sus papás la maravillosa mejoría de su vista. Pero, en lugar de emocionarse como ella, la llevaron a ver al oftalmólogo, quien le diagnosticó hipermetropía. A Sabrina no le gustó la idea de que le pusieran lentes. No quería ponérselos y, en cuanto podía, se los quitaba.

Años después, cuando Sabrina tenía veintitantos años, de repente sintió un dolor intenso en los ojos y un fuerte dolor de cabeza mientras estudiaba una noche. Creyó que todo lo que había tenido que leer en la universidad le estaba pasando factura.

Sabrina decidió sanarse trabajando con el arcángel Rafael. Hacía sesiones diarias de sanación en las que invocaba a sus ángeles. Lo hizo durante seis semanas, cinco minutos al día. El dolor fue disminuyendo hasta desaparecer por completo.

No solo desapareció el dolor, sino que, cuando fue a ver al oftalmólogo, descubrió que ya no tenía rastros de hipermetropía. Algunas personas creyeron que era un milagro, pero ella sabía que, para Rafael, no había sido difícil. Gracias a que no se limitó solo a eliminar el dolor, sino que permitió una sanación total, los ángeles pudieron dársela.

———◆———

Cuando Trey Handy permitió que Rafael tuviera acceso completo a su cuerpo, también permitió que la sanación sucediera de manera instantánea.

Desde hacía tiempo, Trey tenía problemas con el ojo derecho; lo tenía hinchado y sentía presión en la parte posterior. Un día mientras miraba por la ventana, el ojo le empezó a llorar. No sabía el motivo, así que decidió invocar al arcángel Rafael y pedirle ayuda.

Trey hizo su oración tranquilamente mientras estaba frente al ventanal. De inmediato sintió una fuerte presencia detrás de ella. Primero sintió miedo, pero se quitó las preocupaciones y dijo en voz alta, "Rafael, confío en ti. No tengo miedo. Por favor, haz lo que tengas qué hacer".

Rafael ya tenía el permiso que necesitaba. Trey se quedó quieta mientras veía que la rodeaban ondas de luz. Su guía le dijo que se sentara mientras seguía sintiendo y viendo la energía que la rodeaba, formando ondas de color blanco y púrpura y con rayos de luz verde. Esta experiencia maravillosa duró varios minutos y Trey se sintió insignificante.

Después escuchó que alguien le susurraba al oído, "Quizá te duela un poco". Sintió presión en la parte superior de la cabeza, como si le encajaran una vara por la cabeza y la columna. Un instante después, ¡tenía el ojo perfecto! Desde ese día, no ha vuelto a tener hinchazón, ni le ha llorado ni ha sentido dolor.

Un día, Melodee Currier se sintió muy enferma. Recién había leído mi libro (de Doreen) *Los milagros sanadores del arcángel Rafael*, así que decidió invocar a Dios y al arcángel para que la sanaran. Se puso las manos en la cabeza, cerró los ojos y visualizó la característica luz verde esmeralda de Rafael. Sus síntomas desaparecieron de inmediato y, cuando abrió los ojos todo estaba de ese color verde distintivo. En ese instante supo que el arcángel Rafael estaba ahí escuchando sus oraciones.

Desde ese momento, Melodee empezó a confiar por completo en Rafael y en que siempre ha estado a su lado.

# La aspiradora espiritual del arcángel Miguel

La aspiradora es un método espiritual de limpieza extremadamente eficaz para eliminar el miedo y la energía negativa. El arcángel Miguel usa este tubo etéreo de succión para retirar bloqueos y contrarrestar los efectos de los ataques psíquicos. Del otro lado del tubo está el Ejército de Misericordia —un grupo de ángeles menores que acompaña al arcángel Miguel en su trabajo de limpieza—. Transmutan las energías bajas a una mayor vibración y trabajan para infundir amor y paz.

Si tu cuerpo está congestionado con energía baja puedes sentir más dolor físico. Invita al arcángel Miguel a tu vida y dale permiso de ayudarte. Pídele que aspire tu cuerpo, tu aura o tu casa y él eliminará toda la energía negativa.

Las personas que han usado este método han reportado cambios impresionantes. Dicen que es como si les hubieran quitado un gran peso del cuerpo y que han recuperado libertad de movimiento. En las mañanas se levantan con energía y felicidad y no con cansancio. Esta energía elevada también puede inspirarte a crear los cambios que deseas para ti.

El arcángel Miguel está con todo el mundo al mismo tiempo. Puedes invocarlo para ti y también pedirle que ayude a la gente que amas. Pero, recuerda que Miguel no puede interferir con el libre albedrío de los demás, así que solo otorga sanación si la gente está dispuesta a recibirla.

Llámalo para una aspiradora espiritual diciendo:

*"Dios y arcángel Miguel, por favor, estén conmigo ahora. Les pido que, por favor, aspiren* [mi persona, mi casa, mi oficina, mi país, el planeta, etcétera]. *Por favor, succionen la energía inferior del miedo. Eliminen la oscuridad para dar paso a la luz. Por favor, liberen ahora mi cuerpo del dolor. Les pido que desechen cualquier rastro de negatividad y que solo quede el amor".*

En tu mente ve cómo Miguel limpia la energía negativa. Al hacerlo revela la belleza de tu luz Divina. También puede aumentar o reducir la intensidad de la aspiración. Dependiendo de tus niveles de bienestar, pídele que cambie la velocidad de la aspiración a baja, media, alta o muy alta. Trabaja con Miguel hasta que sientas que ya no queda ningún rastro de miedo.

Puedes impregnar el área afectada con más luz de sanación diciendo:

*"Dios y arcángel Miguel, por favor envíen su luz amorosa y pura a* [mi cuerpo, mi casa, mi oficina, etcétera]. *Por favor, protéjanme de las energías inferiores y recuérdenme que pida su ayuda y apoyo. Gracias".*

Cuando realizas una aspiración espiritual elevas tu vibración energética. Esto hace que entiendas la guía de tus ángeles con mayor facilidad. Puedes sentir alivio y que te guíen a los terapeutas adecuados. También descubrirás que te alineas con personas más afines a ti.

⎯⎯◈◈⎯⎯

Los ángeles están encantados de ayudarte con la frecuencia que lo necesites y también te guían sutilmente para que evites situaciones que pueden causarte dolor. La aspiración hace que te vuelvas un recipiente limpio y transparente, lo cual intensifica tu sensibilidad. Después de hacerlo, te vuelves más consciente sobre qué situaciones y quiénes te bajan la vibración —cuando estés en esas situaciones o con esas personas quizá tengas dolor de cabeza, fatiga, bostezos frecuentes, comezón en la piel o dificultad para concentrarte—. Todo esto son señales de tus ángeles para que te alejes de esas situaciones perjudiciales o para que evites la compañía de esa gente. Por ejemplo, te das cuenta de que ya no puedes escuchar a las personas que se quejan constantemente o que hacen dramas. Alejarte de esas personas no significa que seas un mal amigo, más bien, solo estás intentando elevar tu vibración. Estás tomando la decisión de permitir que solo haya energía positiva en tu vida.

Como parte del proceso natural de desarrollar tu espiritualidad, también pueden guiarte a que modifiques otros tipos de relaciones. Tu Ser Superior quizá te diga que evites el alcohol y las drogas, y a la gente que abusa de ellos. Mucha gente se convence a sí misma de que no es adicta, pero tu intuición te dice que su comportamiento es una forma de autolastimarse. Confía en esa guía superior. Como ejemplo hermoso que eres del amor de Dios tienes la capacidad de iluminar a quienes lo necesitan, pero no hace falta que te unas en su camino de desesperación. No puedes ayudar a tus amigos si estás involucrado en sus crisis y sus dramas. Hacerlo solo aumenta la cantidad de personas que necesitan sanación.

## Corta cordones etéricos con el arcángel Miguel

Los cordones etéricos son apegos negativos basados en el miedo. Desde un punto de vista clarividente se ven como tubos que te conectan a otras personas, lugares u objetos. Al principio son finos y parecen cuerdas, pero crecen conforme pasa el tiempo y se desarrolla la relación. Hacen que te sientas cansado y responsable de un dolor que no tiene explicación. Si no hay causas físicas obvias de esa incomodidad, quizá se deba a un apego por cordón etérico. Mucha gente experimenta un alivio instantáneo después de cortar esos cordones.

Los cordones etéricos pueden transmitir y absorber energía de baja vibración. Piensa en los amigos que te drenan o en la gente que te hace sentir física y mentalmente agotado. Esto se debe a que los cordones de los apegos basados en el miedo succionan tu vitalidad y se la dan a otras personas. Estos individuos siguen adelante al vaciar tus reservas de energía. Por otro lado, la energía de estrés o enojo de otra persona puede precipitar el cordón hacia ti. Esas emociones te llegan de repente; primero estás bien y un segundo después sientes un enojo o dolor intensos. Y esto ocasiona malestar físico sin razón aparente.

Los cordones suelen unir a la gente que ayuda. Si disfrutas apoyando a los demás o tienes un negocio donde ofrezcas algún tipo de sanación, es probable que tengas apegos de cordones etéricos. Por eso es tan importante cortarlos de manera regular. Si no lo haces, los apegos negativos se sobrepasan, lo cual te drena y hace que te sientas crónicamente fatigado y exhausto.

Los cordones de energía subyacentes estimulan pensamientos y sentimientos como:

- *¿Y si no están ahí la siguiente vez que necesite ayuda?*
- *Me siento celoso. Quiero lo que él tiene.*
- *Me hizo sentir muy bien. Lo necesito para sentirme así otra vez.*
- *No quiero que me deje.*
- *Le tengo resentimiento.*
- *Él es la fuente de mi energía.*
- *Él es la fuente de mi sanación.*

El arcángel Miguel corta esos cordones de miedo y te libera de la parte perjudicial de una relación. Para empezar el proceso busca un lugar tranquilo y empieza a respirar profundamente. Enciende una vela blanca para purificación o siéntate frente a un ramo o una imagen de rosas blancas.

Lleva tu atención a tu cuerpo físico. Nota las áreas que se sienten rígidas o con menos movimiento. Siente las áreas que están más calientes que otras.

Pasa tu mano dominante (la mano con la que escribes) por tu cuerpo para escanear tu aura. Pon atención a los cambios en la presión del aire, hormigueo o calor. Todas esas sensaciones son señales de que hay apegos de cordones etéricos.

Invoca al arcángel Miguel diciendo:

"DIOS Y ARCÁNGEL MIGUEL, POR FAVOR, CORTEN Y ELIMINEN TODOS LOS CORDONES DE MIEDO. ESTOY DISPUESTO A SOLTAR ESA ENERGÍA PERJUDICIAL Y DESEQUILIBRADA. ELIJO ALINEARME CON EL AMOR Y LA LUZ. LES PIDO QUE RETIREN LAS ENERGÍAS NEGATIVAS DE MI CUERPO. POR FAVOR, LIBEREN LOS APEGOS AL DOLOR. ESTOY DISPUESTO A SANAR. POR FAVOR, RETIREN AHORA LOS EFECTOS DE ESOS CORDONES. GRACIAS".

Sigue la energía de Miguel en todo tu cuerpo. Nota las áreas de tensión que están siendo disueltas.

Quizá tu intuición te envíe flashazos de personas o situaciones a las que estaban conectados esos cordones.

Deja que esos sentimientos se muevan por tu cuerpo y libéralos. Todo es parte del proceso. Los ángeles recomiendan que veas con amor a la gente a la que le tenías apego. No sirve de nada enviarle energía negativa. Mejor disuelve el apego basado en el miedo y deja que se dé la sanación.

Es posible que te contacte una persona cuya energía negativa has cortado. Esa persona no está consciente de lo que pasó pero tú sentirás la diferencia en su conexión. Tú soltaste la parte perjudicial que te ataba y lo único que permanece es luz y energía amorosa de paz. Recuerda, este proceso solo retira las partes negativas de esas relaciones, los cordones de amor no pueden cortarse jamás.

Si sientes que hay algunos cordones que no han sido cortados, pregunta la razón a tus ángeles. Quizá te envíen imágenes o sentimientos de la persona conectada por medio de este cordón. Visualiza después que tienes una conversación pacífica con ella. Dile todo lo que piensas y lo que sientes. Quizá percibas lo que esa persona te contestaría. Luego vuelve a sintonizar con tu cuerpo.

Nota las sutiles diferencias y la energía superior que sientes ahora. Has eliminado con éxito una relación negativa y en desequilibrio. Dile al universo que a partir de este momento solo aceptas en tu vida a personas amorosas.

## El poder de la oración

Cuando rezas, te conectas a la conciencia Divina que te rodea. Dios siempre está dentro de ti, así que tienes el poder de invocar a esta poderosa energía siempre que quieras. Como hemos dicho, debido a la Ley Universal del Libre Albedrío, los ángeles deben recibir tu permiso para poder intervenir en tu vida. Cuando rezas, les das permiso de hacerlo.

Para rezar no tienes que sentarte derecho con las manos juntas y la cabeza inclinada. (Aunque, si eso es lo que te hace sentir bien, entonces, puedes hacerlo así). La postura no es lo que da poder a la oración, ni tampoco las palabras. La intención, la pasión y el corazón son lo que le da la fuerza a nuestras oraciones.

Se han hecho una gran cantidad de estudios que demuestran el poder sanador de la oración. Algunos han sido de doble ciego, lo cual significa que ni los investigadores ni los pacientes sabían qué participantes eran objeto de las oraciones y cuáles no. En la mayoría de los casos, los grupos por los que rezaron sanaron con más rapidez, necesitaron menos medicamentos y presentaron un rango menor de complicaciones después de la cirugía.

Personal y profesionalmente confiamos cien por ciento en la oración y hemos visto infinidad de veces sus poderosos efectos. En nuestras investigaciones de personas que padecían dolor descubrimos que aquellas que pidieron intervención Divina fueron las que sanaron más pronto. Quizá se sentían desesperadas y ya no sabían qué más hacer, pero se pusieron de rodillas y rezaron para pedir ayuda. Por fin, Dios y los ángeles tuvieron el permiso que requerían. Así que, si necesitas sanarte, reza; puede darte más alivio del que te imaginas. (Si quieres más información, te recomendamos los libros del doctor Larry Dossey).

Hay dos formas de rezar: suplicar (pedir algo) y afirmar. Al parecer, las oraciones afirmativas son ligeramente más efectivas. Por ejemplo, en una oración de súplica dices: "Por favor, ayúdame a eliminar este dolor". En una oración de afirmación, dirías: "Mi cuerpo está perfecto y completamente sano". Fíjate en la energía de ambas frases. Léelas de nuevo y nota cómo sientes cada una. Si eres sensible quizá sientas más afinidad con la segunda oración.

Procura eliminar cualquier palabra negativa y de baja vibración de tus oraciones. Deja que el cambio por el que estás rezando se extienda a todas las áreas de tu vida, es decir, ¡no reces y después te la pases quejándote de lo que no quieres! Esfuérzate por eliminar esos pensamientos y repite en silencio tu deseo de salud.

Algunos ejemplos de oraciones afirmativas para sanar son:

- "Gracias porque mi cuerpo está perfectamente sano".
- "Estoy bien".

- "Mi cuerpo se mueve con libertad y sin esfuerzo".
- "Me muevo con facilidad".

Cuando digas estas oraciones visualiza que la energía sanadora de Dios y tus ángeles te rodean y te dan la ayuda que necesitas. Cuando se trata de rezar, no existen límites. No molestas a Dios ni a tus ángeles; el único propósito de su creación es ayudarte a llevar a cabo tu misión. Desean cumplir con sus tareas celestiales al guiarte hacia una existencia más sana.

———◦◦◦———

Kevin Hunter es un autor que el 22 de noviembre de 2010 descubrió el poder de la oración, cuando lo pusieron a prueba para que aprendiera sobre esta inmensa energía sanadora. Aunque toda su vida había sido espiritual, el siguiente suceso permitió que su corazón aceptara por completo el amor Divino que lo rodea.

A principios de noviembre, Kevin sintió molestias en el área de las ingles. Se preocupó un poco, pero sin dejarse llevar por el pánico, empezó a investigar qué podría ser. Sus ángeles lo guiaron a la respuesta de que se trataba de una infección. Le mandó un correo electrónico a su doctor para contarle la situación y pedirle que le recetara antibióticos.

Pasaron varios días y la molestia en los testículos aumentaba, entonces Kevin fue a la clínica. Explicó que sabía que había relación entre los ejercicios que hacía en el gimnasio y el dolor, y volvió a pedir antibióticos. No obstante, el doctor le dijo que primero debía hacerle unas pruebas. El doctor le explicó el procedimiento, que requería introducir un tubo en un lugar que a Kevin le parecía incómodo solo de imaginárselo, y empezó a sentir náuseas.

El doctor también sugirió que podía tratarse de la próstata, pero dijo que era más joven que la edad promedio en la que las personas debían checarse de manera regular. Kevin sintió que esa posibilidad estaba equivocada y siguió pensando en el mensaje angélico que le mandaban. Decidió no hacerse la prueba, monitorear su estado en casa y volver a la clínica si los síntomas no remitían de forma natural.

Una semana después, el dolor había aumentado hasta el punto en que apenas podía moverse o caminar. Escuchaba la voz de sus ángeles diciéndole lo que necesitaba, pero Kevin tenía miedo. *¿Y si tienen que internarme en terapia intensiva? ¿Y si tienen que cortarme parte del cuerpo?* Kevin estaba aterrado, abrumado por los pensamientos que se agolpaban en su mente. Su Ser Superior le dijo que solo se trataba de una infección que podía sanar fácilmente. Su ser inferior se imaginó los peores escenarios que lo llevarían a terribles cirugías.

Kevin decidió volver a escribirle al doctor y volver a pedirle antibióticos. Como clariconsciente (alguien

*Vivir sin dolor*

que recibe mensajes Divinos a través de pensamientos e ideas), solían llamarlo "sabelotodo" y le preocupó que el doctor se molestara por ser tan directo. Probablemente sería incómodo para un profesional que alguien sin conocimiento del tema le dijera qué hacer. Pero, el dolor de Kevin se volvió insoportable y llamó directamente al asistente del doctor. El asistente le dijo que el doctor estaba de viaje y le ofreció los datos de un urólogo. La sola mención hizo que Kevin se aterrara todavía más. Buscó a otro doctor para tener una segunda opinión, ¡lo que fuera para no ir con el urólogo! Sin embargo, todos los doctores que encontró no podían recibirlo o estaban fuera de la ciudad.

El dolor de Kevin comenzaba a darle miedo y su ser inferior lo convenció de que, si iba a la sala de emergencias, sería como la escena de una película de terror. Finalmente se rindió y pidió una cita urgente con el urólogo. Por desgracia, no había espacio disponible antes de cuatro días. La ansiedad de Kevin se disparó al cielo. "¿Cómo voy a aguantar tanto? ¡El dolor es insoportable! Y no se detiene, ¡cada día me duele más!". Estuvo esperando en la cama pues cada movimiento que hacía era seguido de un dolor cortante y agudo en áreas delicadas. Cuando caminaba sentía como si pisara carbones ardiendo y vidrios, y sin posibilidad de escapar.

El día anterior a la cita, el 22 de noviembre de 2010, la vida de Kevin cambió para siempre. Fue el momento del despertar que aumentó su espiritualidad. Ese día,

Kevin se dejó llevar en la meditación sin esfuerzo y pidió la ayuda de sus ángeles. Estaba tan acostumbrado a hacer todo él solo que pedir ayuda, incluso al cielo, era impensable. Rogó y pidió ayuda a Dios y a los ángeles. Tener una conversación sincera con ellos abrió todas las células de su cuerpo. Y después la repentina liberación del agonizante dolor. Un amor inmenso inundó su alma.

La clarividencia de Kevin aumentó y vio que su alma se elevaba a un cielo azul. Voló por encima de las blancas nubes, donde lo observaban los ángeles. En la distancia vio una figura muy alta que parecía un poste de luz alargado. Cuando se acercó a ella abrió la boca sorprendido. Lo que creyó que era un poste se volvió más grande y más brillante hasta volverse un ser de diez metros de alto con dos enormes y hermosas alas. En voz alta, el ser le dijo que era el arcángel Miguel y añadió: "Vas a estar bien. Estamos trabajando en ello". Kevin se sintió inundado por un enorme gozo y absoluta confianza en las palabras del arcángel.

Cuando despertó tenía los ojos llenos de lágrimas de felicidad, y estaba inundado de emociones que jamás había experimentado. Sintió que su antigua vida lo abandonaba y que renacía con un futuro distinto.

Kevin fue al urólogo sin miedo de lo que tendría que hacerle. Se sintió extrañamente tranquilo ante lo que vendría. El urólogo no tuvo que hacer las dolorosas pruebas que Kevin había temido. Le diagnosticó epididimitis, una infección en un conducto de un testículo. Le explicó que es una condición común entre los atletas. Kevin se sorprendió al saber que ese nivel de dolor se debiera a algo tan sano como hacer ejercicio.

Después del milagroso encuentro con el arcángel Miguel, Kevin experimentó una increíble mejoría cada día. Aunque le recetaron que tomara antibióticos durante diez días, él sabía que la ayuda Divina fue la causa de esa rápida recuperación. Dos meses después no había señal de la infección, era como si nunca hubiera existido.

Kevin supo que había sucedido algo profundo. Esta experiencia lo despertó de una forma que jamás habría imaginado.

Trenia padecía dolor de rodilla desde que era adolescente. Ahora el dolor evitaba que les siguiera el ritmo a sus hijos. Llevaba quince años haciendo terapia física, pero el dolor no desaparecía. La habían examinado tantas veces que había perdido la cuenta. Le recetaban analgésicos que aliviaban el dolor un rato y después regresaba. La molestia no le permitía hacer ejercicio, por lo que subió de peso y eso le causó más tensión en las articulaciones.

A principios de 2013, la rodilla de Trenia empeoró hasta el punto en que no podía cargarle peso. Cuando trataba de dar un paso, las piernas no la aguantaban. Los doctores estaban convencidos de que se había roto el menisco, el cartílago que está dentro de la articulación. Todas las pruebas que le habían hecho lo confirmaban, así que le dieron cita para ver al cirujano ortopedista y que le reparara el menisco.

Fue una época emocionalmente difícil para Trenia. Pero, en ese tiempo, se acordó de su conexión angélica. Meditó y les pidió a Dios y a los ángeles que le curaran la rodilla. No quería someterse a la operación y quería ir con su hija a la primera visita a un parque de atracciones, dentro de unas semanas. Comenzó a recibir señales y mensajes claros de que así sería.

Dos semanas después le hicieron una resonancia magnética para determinar el sitio de la rotura. Sin embargo, la resonancia reveló que no había rotura, ¡tenía la rodilla completamente sana! Los doctores le dijeron que no había razón para operarla. No entendían cómo es que su rodilla había sanado, ya que las roturas de meniscos no tienen suficiente flujo sanguíneo como para repararse solas.

Hasta la fecha, Trenia no padece dolor y ¡ella y su hija se divirtieron en el parque de atracciones!

---

Un alma hermosa llamada Sapphire sanó su espalda por medio de la oración. Después de un largo día de limpiar el sótano de su casa, cargando cajas pesadas y moviendo muebles, empezó a sentir dolor en la espalda y las extremidades. Esa noche, el dolor no la dejó descansar pero no quiso tomar medicinas.

Acostada en su cama, Sapphire invocó al arcángel Rafael. Le pidió su ayuda para eliminar el dolor y las toxinas de su cuerpo. Con la mente vio dos manos que llegaban a su espalda. Apareció una luz cálida y reconfortante y Sapphire supo que estaba a salvo con esas manos sanadoras. Y de repente, ¡ya no sentía dolor! Estaba sorprendida por lo rápido que se había curado. Agradeció a los ángeles por su ayuda antes de quedarse profundamente dormida.

El 3 de junio de 2012, Gina M. Adkins, su esposo Michael y sus dos hijos pequeños, Alexis y Kylee, estaban cambiándose a su nueva casa en Arizona. La madre de Gina y su padrastro estaban ayudándoles. Era un día agradable y todo iba bien. Cuando Gina jaló una caja muy pesada escuchó un crujido y sintió un dolor que le recorría desde la espalda baja hasta los pies. Después de varias horas de incomodidad decidió acostarse en la recámara principal y tomar una siesta.

Una hora después despertó y sintió que no podía moverse de la cintura para abajo. Gritó y su esposo entró corriendo a ver qué pasaba. Gina se había caído de la cama y estaba tirada en el piso. Con cuidado se puso de pie,

las piernas le temblaban, y pidió: "¡Dios mío, cúrame!".
Michael la sostuvo para llevarla a la sala, pues sentía los
brazos y las piernas muy débiles. El resto de la familia la
miró con asombro.

De repente, una sensación de paz invadió el cuerpo
de Gina. Tuvo el presentimiento de que todo terminaría
pronto. Volteó a ver a su esposo y le dijo: "Estoy murien-
do". Sintió que un gran peso salía de su cuerpo mientras
ella iba a la deriva hacia un estado alterado de conciencia. Escuchó que su madre gritaba: "¡Vuelve, Gina, no
nos dejes!". En la oscuridad experimentó una total sensación de paz y gozo. No había dolor, preocupaciones o tristeza. Notaba su conexión Divina con Dios y los ángeles.

Lo siguiente que recuerda es que abrió los ojos y vio
a un paramédico con ojos azules penetrantes, de un color que jamás había visto durante sus 35 años de vida. Le
dijo: "Me llamo Hudson. Vas a estar bien".

Una ambulancia la llevó al hospital John C. Lincoln
en Phoenix. Su ritmo cardiaco apenas llegaba a 30 pulsaciones por minuto, menos de la mitad de lo normal.
En el hospital, Gina preguntó por Hudson, pero nadie
lo conocía. Se sintió frustrada por haber vuelto a la Tierra, con dolor y por no encontrar a su salvador. Recordaba vívidamente sus ojos.

Durante su estancia en el hospital, fue necesario que
hubiera un carro de paradas (de emergencias médicas)

junto a la cama de Gina. El cardiólogo insistió en que necesitaría un marcapasos para estabilizar su corazón. El ortopedista insistió en que debía operarla para arreglar los dos discos de las vértebras afectadas. Algo en su interior le dijo que no eran los procedimientos adecuados. Contra la opinión de los médicos, Gina se negó a que la operaran. Siguió rezando y pidiendo a Dios y los ángeles que la curaran.

Tres días después, a las 2:45 a. m. la despertó un susurro: "Levántate". Con cuidado trató de sentarse, pero los ojos se le llenaron de lágrimas por el dolor. Sus pies tocaron el piso pero no estaba segura de que pudiera continuar. Volvió a escuchar esa voz: "Levántate, por tus hijos". Se levantó rápido y caminó hacia el baño de su habitación.

Cuando Gina se levantó de la cama se activó la alarma que alertaba a las enfermeras. Llegaron corriendo y se asombraron al verla. ¡Pensaban que no podría volver a caminar! Poco a poco, el corazón de Gina se estabilizó a 60 pulsaciones por minuto. Siguió progresando, caminaba más y se sentía más fuerte. Por fin pudo irse a su casa unos días después. Le agradeció a Dios y a los ángeles por esa segunda oportunidad de vida, pero no dejaba de preguntarse por Hudson.

Gina decidió escribirle una tarjeta de agradecimiento al hombre que le salvó la vida. Fue a la estación de bomberos con la carta en la mano y en el sobre decía

"Para Hudson". El bombero que le abrió se acordó de ella. "¿Puedes caminar?", le preguntó.

"Sí", contestó, "y me gustaría ver a Hudson. Estaba contigo ese día que me salvaron".

El hombre respondió: "Lo siento, pero ese día no había nadie que se llamara así. Llevo once años en el departamento de bomberos y nunca ha trabajado aquí nadie que se llame Hudson".

Gina le agradeció al bombero y regresó a su coche. Miró hacia el cielo azul, con los ojos llenos de lágrimas, y dijo: "Sé que me mandaste un ángel ese terrible día. Gracias, Dios".

Ahora Gina es una caminadora entusiasta y está preparándose para tomar parte en un maratón de caridad. Todas las mañanas camina de tres a seis kilómetros y siente la presencia de los ángeles a su lado. Sabe que la cuidan y se siente agradecida por la sanación que le otorgaron.

Cuando se cumplen los siguientes requisitos, entonces se da la curación: dar permiso a los ángeles para que ayuden, escuchar su guía, actuar y dar las gracias. Si tus seres queridos dan su consentimiento, también puedes rezar en su nombre para que sanen.

Nicole padecía de un dolor en el estómago tan severo que a veces le hacía vomitar. Estos episodios duraban un día, aunque a veces eran más prolongados. ¡Comparaba la sensación a los dolores de parto! Muchas veces lloraba de dolor.

Uno de esos episodios había durado dos o tres días y la intensidad iba en aumento. Nicole estaba acostada en su cama y ya casi no tenía esperanzas, pues no le funcionaba ningún método de sanación. Su pareja quería ayudarle pero no sabía gran cosa de espiritualidad; solo lo que ella a veces le platicaba sobre los ángeles.

Cuando estaba acostada sintió que su cuerpo se relajaba y se quedó dormida. Aunque el dolor no desapareció por completo, se sintió mucho mejor. Al despertar, su pareja le preguntó si se sentía diferente. ¡Le contestó que se sentía mejor! Él le dijo que se había imaginado que la llenaba de luz blanca. El gesto la sorprendió mucho y le impresionó que él lo hubiera hecho de manera intuitiva. Le agradeció y le pidió que volviera a hacerlo si alguna vez volvía a sentir dolor.

Ahora, cuando Nicole siente dolor, hace trabajo de respiración y visualización. Inhala luz y exhala estrés, energía negativa, dolor y cualquier cosa que quiera soltar. Usa la oración, "Inhalo luz Divina y suelto dolor. Estoy a salvo". Casi siempre, el dolor desaparece de su cuerpo.

Gracias al poder de la oración, Mariela Nikol ya no tiene dolor de espalda. Esto se lo atribuye a una invocación que encontró en un libro búlgaro de sanación con energía. La repite todas las mañanas y todas las tardes con una gran emoción. No olvides que lo más importante para rezar, no son las palabras sino la intención que está detrás de ellas.

La oración traducida es:

"Dios mío, Jesús, Virgen María y ángeles, por favor, vean solo mi perfección y no mis fallas. Por favor, ayúdenme a despertar la capacidad natural de mi cuerpo para sanarse. Afirmo mi salud perfecta en el nombre de la luz. Por favor, háganlo de manera fácil y pacífica por el bien de todos".

Después de la oración visualiza que tu cuerpo es limpiado desde dentro hacia fuera. Ve que una llama violeta libera el dolor y detrás de ella solo queda paz. Siente que los ángeles te rodean y la Virgen María te llena de rosas.

Mariela sanó de forma casi instantánea cuando dijo la oración y, hasta la fecha, no ha vuelto a sentir dolor.

## Prevención del dolor milagrosa

En efecto, la oración alivia el dolor pero además puede evitar que se presente. La milagrosa historia de Rose Nickerson es muy conmovedora, ¡ve por un pañuelo antes de leerla!

*Estaba en el hospital, muy enferma y con mucho miedo. Me había desmayado unos días antes y los doctores no sabían qué me pasaba. Las pruebas eran no concluyentes. Debido a que soy pequeña y mis venas son delgadas, tenía los brazos hinchados y llenos de moretones por tantos análisis de sangre e inyecciones.*

*Una enfermera llegó muy temprano para sacarme más sangre y ver si tenía hemorragia interna. ¡Tenía que sacar quince frasquitos! Y como mis brazos estaban tan mal, tenía que sacarme sangre de la mano, ¡donde más duele!*

*Me daban miedo las agujas y me dolía tanto que lloré. La enfermera me dijo: "Lo siento, pero tengo que hacerlo". Me dio diez minutos para prepararme mentalmente mientras ella reunía los instrumentos.*

*Me había llevado al hospital el libro* Los milagros del arcángel Miguel *y me acordé de que Miguel y Rafael trabajan juntos. Repetí varias veces: "Por favor, Dios y arcángeles Miguel y Rafael, les pido que me ayuden a pasar esto rápido y sin dolor. Por favor, quédense conmigo y no dejen que tenga dolor, ansiedad ni miedo".*

*La enfermera regresó, me dijo que me recostara y elevó la cama. Cerré los ojos y visualicé que me rodea-*

*ba la luz verde de sanación del arcángel Rafael. Sentí
que Miguel estaba a mi izquierda y Rafael a mi dere-
cha, los dos me tomaban de las manos.*

*Cuando la enfermera estaba sacándome sangre,
no sentí dolor alguno, lo cual me sorprendió. Me sentía tranquila, serena, mientras ella sacaba los quince
frasquitos de sangre. Se tardó como 20 minutos y ni
siquiera me dio comezón. Me acosté sobre la almohada
y les agradecí a Dios y a los hermosos arcángeles que
me ayudaran.*

*Después le conté a la enfermera mi mensaje a los
arcángeles. Me sonrió y dijo: "Siempre están cuando los
necesitamos. Solo tenemos que pedirles que nos ayuden".*

*Más tarde me confirmaron que no tenía hemorragia
interna y que una bacteria era lo que me hacía sentir
tan enferma. Me dieron un tratamiento y pude irme a
mi casa dos días después; se acabaron los análisis médicos y las agujas.*

La historia de Rose ilustra la increíble capacidad del
arcángel Rafael para ayudar a la gente que lo necesita.
Hace que sea posible lo que parecía completamente im-
posible. En situaciones desesperadas como esta, lo único
que puedes hacer es rezar.

Cuando Silvia tuvo una infección en los dientes, el dentista le recomendó hacerle una extracción. Sin embargo, debido a que no toleraba anestésicos ni sedantes, invocó a Rafael. Le comentó al dentista que le sacara los dientes infectados sin ponerle medicamentos. Él no estaba de acuerdo y le dijo que iba a sentir un dolor terrible. Sin embargo, Silvia sabía que era la decisión correcta y el dentista aceptó.

Dos días antes de la extracción, Silvia se dedicó a meditar, rezar y a comunicarse con Dios y el arcángel Rafael. Le pidió que la protegiera del dolor y de cualquier complicación.

El día de la extracción, Silvia le dijo al dentista: "Voy a estar bien. No estaré aquí, me voy a ir al bosque". Los dos se rieron y, mientras él se preparaba para sacar los dientes, Silvia visualizó la energía y la luz verdes del arcángel Rafael.

Después de dos jalones, el diente salió ¡y no sintió dolor! El dentista estaba impactado y le dijo que no entendía cómo era posible. Ella le contó de la meditación y le sugirió que lo intentara. Las heridas sanaron rápidamente.

Silvia asegura: "Ahora sé la fuerte conexión que tengo con el arcángel Rafael".

# Manos a la obra con la sanación espiritual

Existen muchas formas de sanación espiritual. Cada una tiene sus propios tiempos, propiedades y métodos. De hecho, todas son una misma. Los ángeles dicen que es como el agua que sale de la regadera. Para nosotros pueden parecer chorros de agua individuales, pero en realidad provienen de la misma fuente. Si la sanación espiritual es anclada en la Luz, entonces viene desde nuestro Creador.

Durante una sesión de sanación espiritual, el practicante canaliza la energía Divina del universo hacia ti. No debe usar su propia energía. De hecho, el terapeuta debe salirse de su ego y permitir que la energía vaya a las áreas donde se necesita, de acuerdo a la infinita sabiduría de Dios.

La sanación espiritual no debe usarse para diagnosticar una enfermedad, solo los médicos profesionales pueden hacerlo. No obstante es una herramienta maravillosa para manejar el dolor. Deja que tu intuición te guíe al practicante adecuado para ti. Ve solo con sanadores que sean felices y que te inspiren confianza. Si te sientes sin energía o exhausto después de una sesión considera la posibilidad de ver a alguien más.

La sanación espiritual incluye terapia con flores o cuarzos, las cuales mencionamos anteriormente. Todas las energías funcionan juntas y el tratamiento es específico para tus necesidades. Al seguir su propia guía, los sanadores colocan sus manos sobre el cuerpo o encima de él. El contacto físico no es importante pues trabajan a nivel energético. La sanación espiritual también puede hacerse a distancia, ya que la energía de Dios es ilimitada. Viaja a través del tiempo y del espacio para estar con cada uno de nosotros a la vez.

Una sesión de sanación espiritual es como un *spa* para el alma. Recarga las pilas y activa la sabiduría innata de tu cuerpo. Ayuda a que la mente procese la señal del dolor y reaccione de manera apropiada. Te conecta más fácilmente con tus ángeles, de manera que escuches, sientas, veas o solo "sepas" de su guía. Cualquiera que sea su forma podrás distinguir cuando un mensaje viene de parte del cielo. Quizá obtengas información sobre tu dieta, tu trabajo, tus relaciones, tu estado físico, tus finanzas u otra preocupación que se relacione con tu dolor.

---

La sanación espiritual incluso es capaz de eliminar el dolor crónico de formas milagrosas, como lo descubrió Saskia Gingrich. Saskia tuvo tres accidentes de coche en un periodo de 18 meses. En los primeros dos accidentes tuvo un latigazo cervical y una muñeca fracturada. En el último se desgarró los músculos alrededor del cuello, lo cual le generó un dolor insoportable. Tuvo que usar un collarín durante seis meses para sobrellevarlo un poco.

Saskia iba a terapia física cuatro días a la semana a que le dieran masaje, tratamientos con ultrasonido e hidroterapia. Por desgracia, nada le dio alivio. El doctor no sabía qué más podía hacer por ella. Apenas podía mover el cuello y todos los días padecía dolor de cabeza y cuello.

Una tarde llamó a una amiga para distraerse un poco. La amiga le dijo que iba a ir a ver a un médium y Saskia decidió acompañarla. Nunca había estado con un médium, pero creía en los ángeles y en la comunicación con los seres queridos que han muerto, además, le daba curiosidad lo que podía pasar.

Cuando llegaron, las recibió una amable pareja de ingleses de 70 años más o menos; las invitaron a pasar a la sala y las hicieron sentir muy cómodas. Había otros cuatro clientes. El hombre les dijo que él era el médium y su esposa era enfermera y sanadora psíquica.

El hombre comenzó a hacer sicometría (captar la energía de objetos metálicos, como joyas) con cosas que le daban los clientes y describía los problemas que veía. Saskia pensó que le sería fácil diagnosticarla solo con verle el collarín. Se sorprendió cuando no mencionó nada del latigazo y le dijo que tenía dificultades para respirar; que sentía que ella tenía que inclinarse hacia delante para poder respirar.

Cinco años antes, Saskia tuvo una operación por un neumotórax espontáneo (un pulmón colapsado). Estuvo a punto de morir y permaneció durante un mes en el hospital. Antes de la cirugía, solo podía respirar si se inclinaba hacia delante.

Después, el médium describió a un hombre que estaba de pie detrás de ella. Era alto, con negras cejas pobladas —su padre—. El médium lo escuchó decir: "Fuerza, Saskia. Debes tener fuerza". ¡Esas eran las mismas palabras que su padre le decía para consolarla!

Cuando terminó la sesión las invitaron a quedarse a tomar un té. Estaban sentados a la mesa y la mujer le dijo a Saskia que le costaba trabajo pensar, ya que sentía su dolor. Le contestó que era una agonía constante. La mujer le preguntó si podía hacer una sanación psíquica, le aseguró que no la tocaría y que no le haría daño. Saskia aceptó, pues le pareció que no perdía nada al intentar algo diferente.

La mujer se sentó frente a Saskia y comenzó a pasar las manos por su cuerpo varias veces, desde la cabeza a los hombros y de nuevo a la cabeza. Poco a poco sintió que salía calor de las manos de la mujer y cada vez era más intenso. De repente sintió que el dolor salía milagrosamente por su cabeza. Saskia lloró de alivio y agradecimiento durante la sanación.

Dos días después tuvo otra sesión de terapia física. ¡El terapeuta estaba sorprendido porque había recuperado por completo el movimiento del cuello! Los doctores no encontraron huellas de la lesión debilitante que había soportado durante seis meses.

Unas semanas después, Saskia quiso encontrar a los sanadores para agradecerles que le hubieran devuelto su vida, pero habían desaparecido. Enviaron a esos ángeles terrestres a ayudarla y desaparecieron. Ahora, Saskia aceptó sus propios dones de sanación y su intuición, y disfruta de una vida sin dolor.

El cuerpo absorbe la energía de sanación y reacciona para proporcionar el mayor bienestar. A veces, esto implica que la gente se quede dormida para poder sanar.

Una noche, la hija de Emily Southall se quejaba de dolor en un oído. Emily le ofreció un analgésico para niños pero la niña no quiso tomarlo. Quizá a nivel intuitivo, la niña sabía que solo disfrazaría el dolor. Emily trató de hablar con el homeópata para que la aconsejara, pero no lo encontró.

Su pequeña hija lloraba de dolor y Emily se sintió impotente. Caminó por la habitación pensando en qué podía hacer. ¡Entonces recordó que hacía poco había terminado un curso de reiki!

Se dirigió hacia su hija y le recargó la cabeza sobre sus piernas. Con cuidado, Emily puso las manos sobre las orejas de la niña e invocó a los ángeles tan rápido como pudo. La niña se quedó dormida en menos de un minuto. Después se despertó con una enorme sonrisa en la cara; ya no le dolía nada.

---

Todos los métodos de sanación proporcionan alivio para las personas y los animales. Lisa Aston es practicante de reiki para animales en Australia y se comunica con ellos. Descubrió la capacidad del reiki de quitar el dolor cuando trabajaba con sus mascotas.

Uno de los primeros clientes de Lisa fue Tang, un husky siberiano de diez años de edad con varios problemas de salud. Tenía una enfermedad en las neuronas motoras inferiores, epilepsia, pancreatitis, cáncer en la garganta y un bulto en el estómago. Cuando era cachorro, no le daban ni dos años de vida. María, su dueña, había intentado con todos los tratamientos veterinarios, naturópatas y herbales. Cuando se puso en contacto con Lisa, un especialista acababa de decirle que a Tang le quedaban tres semanas de vida. Decir que María estaba desecha no es suficiente. ¿Cómo iba a vivir sin su amado amigo? Aunque sabía que debía centrarse en aliviar el dolor del perro, su corazón deseaba encontrar una cura.

Cuando Lisa entró a la casa de María, se le encogió el corazón. El enorme perro apenas podía estar de pie y necesitaba ayuda para levantar las patas traseras. Sus ojos estaban cansados y físicamente estaba agotado. Lisa estaba pasmada, no sabía qué podía hacer para ayudarlo. (Más tarde, Lisa descubrió que "ella" tuvo poco qué ver en el proceso de sanación. Confiaba en el reiki y dejaba que la energía fluyera, entonces sus clientes recibían lo que necesitaban).

Parecía que Tang sabía el motivo de la visita de Lisa. Esa era una de las lecciones más valiosas; sus clientes animales sabían de manera intuitiva sus intenciones. El perro estaba acostado en el piso, en un lugar cercano a Lisa. Se sentó a un metro de él y comenzó la sanación. Con las manos dibujó símbolos sagrados y los colocó en su aura. Tang la miró con ojos de gratitud y sabiduría, una mirada que Lisa recuerda vívidamente.

Lisa no estaba segura de ofrecerle sanación con las manos, pues el cuerpo del perro estaba débil por el "mal-estar", pero lo aceptaba valientemente y sin quejarse. Sin embargo, seguía mirándola e invitándola a acercarse. Lisa se acercó un poco más, él la miraba hasta que le puso las manos sobre el cuerpo. Durante una hora, Lisa se movió intuitivamente a su alrededor, sabiendo en dónde necesitaba más energía. Tang se relajó y se quedó dormido.

Durante las sesiones con humanos, Lisa a veces tenía visiones de sus vidas. De esa forma, lograba conocer el estado de salud de sus clientes y compartía esos mensajes con ellos. Esa fue la primera vez que tuvo esas impresiones intuitivas con un animal. Al principio se resistió a compartir lo que veía, pues pensó que la desacreditaría como practicante. Vio unas imágenes fascinantes de Tang en la antigua china. Su energía le explicó que, en una vida anterior, había sido emperador. Lisa invocó a sus ángeles y decidió compartir esos mensajes con María. Resultó que a María le apasionaba la historia de la China antigua y tenía muchos libros y videos sobre el tema.

Durante las sesiones de Lisa con Tang, él siguió compartiéndole muchas cosas más. Le dijo las cosas que le encantaba hacer, como nadar en un lugar especial con aguas cristalinas, comer helado de un botecito pequeño y sentarse en un chapoteadero. Lisa lo compartió con María, quien la escuchó y llevó a Tang a los lugares que había descrito. Se rio y dijo que el botecito de helado de Tang era una de sus comidas "prohibidas" favoritas.

Tang estaba listo para irse pero estaba esperando a que María lo aceptara. El amor que ambos sentían resplandeció y los tratamientos con Lisa mitigaron el dolor de Tang. Se sintió mejor y María comenzó a sanar también. Cuatro meses después, Tang murió.

Lisa guarda un lugar especial en su corazón para Tang y María. Sabe que las sesiones de sanación marcaron una diferencia en sus vidas y ella aprendió sobre el amor que el reino animal tiene para compartir.

Tu propio viaje de sanación quizá te inspire para aprender sobre muchas terapias de sanación. Recuerda que la sanación espiritual funciona de maravilla como complemento con los métodos convencionales, como descubrió Cindy Glavao.

Cuando tenía seis años, Cindy tuvo su primer encuentro con los ángeles, después de que la atropellara un camión al cruzar una carretera en British Columbia, Canadá. El impacto la arrojó a una zanja del otro lado de la carretera. Asombrosamente, no perdió la conciencia después del accidente y pudo observar algo increíble. Hasta la fecha, Cindy recuerda hermosos colores dorados, rosas y púrpuras. Vio chispas de luz de todos los colores del arcoíris y enormes auras que se levantaban como torres. Cindy sintió un amor muy profundo, su corazón sabía que todo iba a salir bien. Se sintió cuidada de manera indescriptible.

En ese tiempo, Cindy no sabía nada sobre los ángeles. Cuando descubrió el reino mágico de los ángeles, supo que siempre había estaba bajo protección Divina. Con la ayuda sanadora de sus ángeles experimentó una vida feliz y libre de dolor.

Muchos años después, Cindy estaba devastada por la trágica muerte de su hijo. Ese evento la llevó a aprender más sobre los ángeles, la energía de sanación y muchos otros temas. Con el tiempo se volvió maestra de reiki.

Durante una de sus sesiones, Cindy tuvo una experiencia increíble con el arcángel Rafael. Estaba trabajando con una mujer joven que tenía cáncer y estaba en tratamiento. Fue a ver a Cindy para que la ayudara mientras seguía con sus tratamientos convencionales. Cindy estaba enviando energía a la espalda de la mujer y visualizándola en un estado perfecto de salud cuando, de repente, tuvo la misma imagen que había presencia hace muchos años. Vio intensas chispas de luz de color verde y claramente escuchó las palabras: "La sanación está hecha, está hecha".

De inmediato supo que la mujer había sido sanada. Sintió gratitud y amor y le costó mucho trabajo mantener la compostura. En verdad era una experiencia conmovedora y hermosa. Esa mujer ahora está completamente sana. Es bombero y lleva una vida plena y llena de aventuras; también está yendo a la escuela. La sanación espiritual es el complemento perfecto para los tratamientos convencionales.

# Capítulo once
# Honra tu sensibilidad

Los trabajadores de luz son personas sensibles a quienes la energía emocional de los demás afecta fácilmente, incluso al punto de que les causa dolor físico. Un trabajador de luz es alguien cuyo propósito del alma es traer más luz al planeta, ya sea propagando gozo, risa, sanación o sabiduría espiritual. Un trabajador de luz puede presentarse de muchas maneras. Para ti puede ser como un padre de hijos sensibles, como un amigo amable y compasivo, o como un sanador y psíquico.

Todos venimos a la Tierra con un propósito de vida que enriquece al alma. Para traer más iluminación quizá elegiste aprender a tener paciencia, a manejar el dolor emocional, o a dar tu opinión en situaciones difíciles. Algunas personas, no todas, además vinieron a la Tierra con un propósito global. Estas almas eligieron no solo tener un propósito personal sino otro que involucrara a los demás. Puede ser dedicarse al bienestar de los animales, a crear conciencia de la calidad de los alimentos o a impartir talleres espirituales y enseñarle a la gente el mundo de los ángeles. Estos propósitos globales son dones de las almas sensibles que siguen la luz para llevar a cabo su importante misión. Tus ángeles de la guarda saben cuáles son tus propósitos. Estaban junto a ti cuando firmaste el contrato para esta vida. Elegiste a una familia dentro de la cual nacerías, las experiencias que tendrías y las lecciones que aprenderías. Bajo la atenta mirada de tus ángeles puedes completar todos los elementos de esa lista.

El ego teme que completemos esa lista porque el miedo maneja al ego. El propósito de tu vida es poner luz y amor a través de tu trabajo y otras actividades y el ego sabe que tu propósito elimina al miedo. Por ello es que el ego siempre trata de evitar que trabajes en tu propósito de vida. El ego te distrae con otros proyectos, incluyendo enfermedades o dolor físico, para que no cumplas con el trabajo que estás destinado a hacer.

De hecho, en mi práctica como consejera (de Doreen) he descubierto que, mientras más grande es el propósito de vida de alguien, ¡más grande es el miedo que tiene! En otras palabras, en la medida que ayudes a más personas, el ego grita con mayor fuerza: "¡No, no tienes la capacidad de hacerlo! ¡No puedes ayudar a nadie! ¡No estás listo! ¿Y si fracasas?", y muchas otras mentiras. La verdad es que estás listo para ayudar a los demás y puedes hacerlo aunque parezca que tu cuerpo no está al cien por ciento. De hecho, todas las experiencias que has tenido con el dolor han causado que te vuelvas compasivo con las personas que están en situaciones similares. Esto hace que estés extremadamente calificado para ayudar a los que sufren, porque tú sabes qué se siente.

Parece radical pensar que elegimos esas situaciones para nosotros, pero lo hicimos por el bien de nuestro crecimiento. Si seguimos haciendo las mismas cosas que siempre hemos hecho, obtendremos los mismos resultados que siempre hemos obtenido. Más bien, queremos desafiarnos a nosotros mismos para aprender más, para sentir nuevas emociones y expandir el conocimiento de nuestra alma. Nos ayuda a apreciar el contraste. Como dicen, solo cuando llueve es que recordamos agradecer la luz del sol.

Si te identificas con este concepto puedes ser muy sensible a las energías. Pon atención a tus sentimientos en diferentes situaciones. Quizá descubras que estar con amigos que se quejan o chismean hace que te duela la cabeza literalmente. Eso es porque estás absorbiendo la energía hostil de sus palabras. Date cuenta de los días en que el dolor es especialmente fuerte y date cuenta de con quién estuviste. Date cuenta de cómo sentiste la energía y de los temas de la conversación en la que participaste. Todo eso son claves para comprender cómo eliminar el dolor de tu vida.

Escucha a tu corazón, él tiene las respuestas. Cuando le preguntas al corazón cuestiones serias, siempre responde con amor. Pregúntale si ciertas personas están enriqueciendo tu vida o si están enviando negatividad. Los ángeles dicen que las personas con las que convives te afectan de manera positiva o negativa. Su energía interactúa con la tuya y crea un efecto que te anima o te deprime.

Si te sientes cansado después de estar con algunas personas, evítalas. Sí, somos humanos y se nos permite tener momentos de tristeza. Pero, cuando tenemos el corazón rebosante de gozo volvemos a él y nos centramos en la luz. Así que ten el valor de sacar de tu vida a la gente negativa que te roba la energía. Intenta hacerlo durante una semana; notarás la enorme diferencia que significa. Quizá te sientas persuadido a alejarla durante un mes, y después durante más tiempo.

No culpamos a esas personas por su energía hostil. Al contrario, creemos que es un buen momento para rezar. Centramos nuestra energía en ellas con la esperanza de que se nos unan en un lugar feliz y con energía elevada. Imagina que eres un globo de helio, si te atas a algo pesado, no podrás volar. Si, por el contrario, elijes rodearte de ligereza, las posibilidades se vuelven infinitas.

## Ataques psíquicos

Un ataque psíquico es energía de baja vibración que se dirige a ti. No es tan misterioso ni tan oscuro como puede sonar. No hay muñecos de vudú, ni rituales a medianoche, ni sacrificios de animales. Un ataque psíquico es tan simple como que alguien tenga celos de ti. Suele ser algo inconsciente. La gente no te envía energía negativa de manera intencionada, solo sucede cuando entra a su ego y tiene pensamientos de energía de baja vibración que te conciernen. Por ejemplo, te compraste un bolso nuevo. Te vas a comer con tus amigas y a una de ellas le gustaría tener tu bolso y no el suyo. En ese desearlo entró a la energía de los celos y, sin darse cuenta, envió un ataque psíquico.

La sensación física de la energía del ataque psíquico es dolorosa. Imagínate cuchillos, lanzas, balas, hachas y otras armas creadas desde el miedo. El dolor es muy físico pero la fuente es meramente energética.

Esta energía se atora en cualquier parte de tu cuerpo. Principalmente alrededor de los hombros. Si has tenido los hombros tensos y con dolor sin razón aparente, ¡ahora sabes por qué! La lección no es devolver el favor y enviar un ataque al autor inicial, pues solo continuarías con el ciclo de la energía del miedo, y eso es algo que no quieres intercambiar. Más bien, envía amor a esa persona. Te envía energía negativa porque entró en el modo de miedo. Si la rodeas de pensamientos amorosos y de ángeles, se sentirá estimulada.

Cuando elevamos nuestra vibración celebramos los éxitos de los demás en lugar de querer competir. La verdad espiritual es que hay más que suficiente para todos. Los ángeles nos han enseñado imágenes en las que cada uno nacemos con un cofre del tesoro que contiene las mismas oportunidades que todos en el mundo.

De ti depende si quieres abrir el cofre del tesoro de tus sueños o si quieres dejarlo cerrado. Una vez que decides abrirlo, te das cuenta de que la "suerte" no existe. Te mereces todo lo que se cruza en tu camino. Mientras más abierto y receptivo estés, más pueden traerte los ángeles.

Competir es una trampa del ego. Quiere que pensemos que, para tener algo, es necesario que se lo quitemos a alguien más. No escuches a esa voz de limitación, pues solo te dará más dolor. Cuentas con tu libre albedrío. Si ya no quieres que la energía de baja vibración de los ataques psíquicos esté conectada a ti, puedes desconectarla. Invocar a tus ángeles te permitirá hacer una limpieza con energía alta.

Por desgracia, parece que mientras más exitoso, feliz y sano eres, más gente te envía ataques psíquicos. Por ello es tan importante estar solo con personas amorosas. Esas personas estarán orgullosas de ti y te ayudarán en tu viaje. Ellas entienden que el hecho de que tengas algo, no significa que ellas no puedan tenerlo también.

## LIMPIEZA DEL ATAQUE PSÍQUICO

Busca un lugar tranquilo en el que nadie te moleste. Puedes acostarte, pero hemos descubierto que funciona mejor si estás sentado. Siéntate en la orilla de una cama o de una silla. Así, la espalda y los hombros te quedan libres y sueltos. Cierra los ojos y concéntrate en tu respi-

ración. Inhala y exhala profunda y lentamente varias veces. Hazlo durante dos o tres minutos para que te relajes.
No hace falta que apresures la sanación. Ahora invoca al
arcángel Rafael diciendo:

"DIOS Y ARCÁNGEL RAFAEL, POR FAVOR ESTÉN A MI LADO.
LES PIDO AYUDA CELESTIAL AHORA. POR FAVOR, ELIMINEN
CUALQUIER FORMA DE ATAQUE PSÍQUICO O DE ENERGÍA DE BAJA
VIBRACIÓN ESTANCADO EN MI CUERPO Y EN MI AURA.
ESTOY DISPUESTO A SOLTARLO Y A ENVIAR A CAMBIO ÁNGELES
AMOROSOS. AYÚDENME A ESTAR LIBRE DE DOLOR,
RELAJADO Y APOYADO. SÉ QUE EN ESTE MOMENTO DISPERSARÁN
CUALQUIER ATAQUE PSÍQUICO, SIN DOLOR Y SIN ESFUERZO.
GRACIAS".

Quizá algunas sensaciones te recorran el cuerpo
cuando Rafael realice la sanación. Entrégate al momento y permite que tus ángeles hagan lo que mejor saben
hacer. Quizá recibas visiones del arcángel sacando las
armas del miedo. Recuerda no enviar esa energía baja a
nadie. Permite que los ángeles la eliminen y la trasmuten
a la alta vibración del amor.

Si recibes pensamientos o visiones de otra persona
que te haya mandado energía baja, detente un instante
para enviarle amor. Lo necesita en este momento para
que pueda elevar su espíritu a la energía superior de la
paz. Visualiza que llega un rayo de luz rosa a esa persona
y que ese rayo disuelve los aspectos perjudiciales de su
relación.

A continuación visualiza que el arcángel Rafael frota un gel calmante de color verde esmeralda en las áreas donde eliminó el ataque psíquico. Ese bálsamo sana de manera instantánea los lugares de tu cuerpo donde se sentía el dolor. También evita durante un tiempo que el ataque regrese.

## LIMPIEZA CON LA ROSA BLANCA

Ve a la florería a comprar una rosa blanca o corta una de tu jardín para que haya una conexión con la flor todavía más fuerte. La rosa blanca se asocia al arcángel Miguel, quien ayuda a liberar energías negativas; al arcángel Metatrón, que nos brinda equilibrio y limpia el sistema de los chakras; y al arcángel Rafael, el sanador supremo. Entonces, esta flor está relacionada con tres poderosos arcángeles cuya meta es ayudarte y limpiarte. Al trabajar con su rosa blanca estás invitándolos a que estén a tu lado y les das permiso para sanarte.

Busca un lugar seguro en donde puedas limpiar esa energía negativa de tu aura. Una vez que estés cómodo y preparado, empieza diciendo:

"PIDO QUE ESTA ROSA BLANCA ME LIMPIE DE TODA ENERGÍA DE BAJA VIBRACIÓN. ESTOY DISPUESTO A SOLTAR LOS ATAQUES PSÍQUICOS QUE ORIGINARON OTRAS PERSONAS.

AL HACERLO DECRETO PAZ
PARA TODOS LOS INVOLUCRADOS".

Pasa la rosa blanca por tu aura y dedícale un poco más de tiempo al área de la cabeza y los hombros, pues es donde suele acumularse la energía de los ataques psíquicos. Conforme pases la rosa alrededor de tu cuerpo es posible que experimentes varias sensaciones, lo cual indicará que la energía negativa está siendo liberada. (Un amigo o un ser querido puede pasar la rosa a tu alrededor).

Cuando sientas que se ha completado el proceso, tienes dos opciones: colocar la rosa en un florero o vaso pequeño con agua para permitir que siga limpiando tu habitación, o regresarla de manera ceremonial al jardín, devolviendo así la energía a la Madre Naturaleza.

## CUARZOS PARA LIMPIAR ATAQUES PSÍQUICOS

Puedes pasar cuarzos específicos por tu aura para eliminar las energías bajas y crear armonía. Cuando limpias vibraciones negativas eliminas el dolor que llegó con ellas.

• Varitas de **selenita**: son excelentes para limpiar ataques psíquicos y no son caras. No importa que el cuarzo esté pulido o no, ya que la energía es la misma. Al pasar lentamente la selenita por tu aura estás sacando todas las proyecciones del miedo. Es una práctica muy buena para después de convivir un rato con gente negativa o cuando estuviste en un grupo. La selenita te da fuerza, sana tus inseguridades y te muestra que eres Divinamente poderoso de muchas maneras.

• **Amatista**: es un muy buen protector psíquico. Pasa el cuarzo por tu aura para liberar la energía de los ataques psíquicos. Además, tiene la ventaja añadida de trasmutar la energía de baja vibración a energía superior de gozo. Todas las cosas que ya no te son útiles pueden intercambiarse por felicidad. Suelta lo viejo para hacer espacio suficiente para que entre lo nuevo.

Invoca a tus ángeles y coloca una amatista en tu frente. Esto eliminará los pensamientos negativos que nublan tu futuro. Traer contigo una amatista te dará el beneficio de un constante flujo de pensamientos positivos que le darán forma a tu brillante futuro positivo.

———— ⊰⊱ ————

Debes limpiar regularmente la energía de los ataques psíquicos. No queremos que te centres en la negatividad, pero sí revísalo con frecuencia.

## Escudo

Una vez que eliminas la energía del dolor hay que mantenerla lejos, así que date un tiempo para fortalecer tu aura y protegerla. El mundo sería perfecto si no necesitáramos escudos. Sin embargo, no todas las personas tienen el mismo punto de vista amoroso de la vida que tienes tú. Por eso es mejor llevar a cabo esta práctica, en especial antes de ir a lugares o eventos donde haya mucha gente.

Algunas personas sienten que protegerse es una forma de anticiparse al ataque. Sienten que es una afirmación hacia el universo para que les envíe energía negativa. Cuando se lo preguntamos a los ángeles, nos dijeron que es como cerrar con llave la puerta de tu casa. Si la dejas abierta, cualquiera puede entrar. Al cerrarla sigues teniendo acceso a la mirilla de la puerta. Tú eres quien decide qué vibraciones entran y cuáles se quedan fuera.

Tu situación particular determina la frecuencia con la que necesitas hacer tu protección. Una pauta general es practicarla dos veces al día: en la mañana al levantarte y otra en la noche, antes de acostarte. La mayoría de los escudos duran doce horas aproximadamente. Pero, cuando está expuesto a energía hostil, el escudo puede debilitarse más rápido. Cuando estés rodeado de personas negativas o en una situación difícil, invoca tu escudo cada hora si es necesario. Pide a los ángeles que te den señales claras de que necesitas colocarte el escudo otra vez. Pueden enviarte sensaciones físicas o el pensamiento del escudo que de repente aparece en tu cabeza. Date un momento para hacerlo y sé consciente de la diferencia que marca en tu día.

Los siguientes métodos son excelentes para invocar un escudo.

## TÉ DE CALÉNDULA PARA PROTEGER EL AURA

La caléndula es muy buena para hacer un escudo y proteger tu aura. Es una planta de color anaranjado brillante que se usa en la medicina herbolaria para sanar heridas y eliminar infecciones. Cuando se toma como té brillan sus propiedades energéticas.

Bebe una o dos tazas y te sentirás más fuerte, más estable y menos influido por las emociones de los demás. Es un excelente compañero para llevar cuando visites amigos chismosos o estés en grupos. Así te proteges constantemente y nadie sabe que estás haciéndolo. Lo único que necesitas es tomar una tacita de té para mantener tu energía limpia y pura.

## CAPULLO DE ÁNGELES

Visualiza un chorro de ángeles miniatura que se deslizan desde el cielo. Conforme se acercan van haciendo una espiral a tu alrededor. Comienzan en la parte superior de tu cabeza y flotan alrededor de tu cuerpo, por delante y por detrás. Siguen hasta las plantas de tus pies, formando una conexión infinita entre el cielo y tú.

Cuando los ángeles se acercan a ti recogen y eliminan energía negativa. Cada ángel que lleva esa energía de baja vibración es reemplazado por un ángel nuevo.

El capullo de ángeles limpia muy bien y es reconfortante. Escucharás risitas con frecuencia además del sonido de sus alas en movimiento.

## CUEVA DE AMATISTA

Imagina que estás sentado dentro de una enorme cueva de hermosa amatista. Estás rodeado de la luz púrpura protectora que emiten los cristales. La punta de cada cristal absorbe la energía de baja vibración de tu cuerpo y de tu aura y te libera de la pesadez y el dolor. Una vez que la oscuridad es eliminada, la punta de los cristales llenan tu cuerpo de sanación.

La cueva de amatista despierta tu capacidad intuitiva y fortalece tu conexión con los ángeles. Es una meditación excelente para antes de visitar ferias metafísicas o de dar pláticas de naturaleza espiritual.

## ESCUDO DE LA PELOTA DE HULE

El arcángel Miguel está sobre ti y sostiene un tazón con hule líquido que está enfriándose. Es una sustancia protectora que desvía la negatividad y la energía de los ataques psíquicos, haciendo que reboten cual pelota. Este escudo es del mismo color que el aura de Miguel, azul rey.

Pide a Miguel que te coloque el escudo diciendo:

"Dios y arcángel Miguel, por favor envuélvanme en un escudo protector de hule. Llenen esa bola de hule de su luz sagrada. Que la negatividad rebote en ella y el amor sea absorbido. Gracias".

Visualiza que el arcángel Miguel vierte poco a poco el hule de color azul rey sobre tu aura. De manera instantánea te envuelve en su calidez protectora.

## ESCUDO DE ESFERA DE ESPEJOS

Visualiza que estás parado dentro de una esfera de espejos, como las que había en las discotecas. Este escudo refleja cualquier energía negativa o pensamiento destructivo que se dirija hacia ti.

Es excelente cuando tienes reuniones con gente que quizá no tenga las mejores intenciones.

## ESCUDO DE PLOMO

Este escudo invoca la fuerza del grueso e impenetrable plomo y permea tu aura con ella. El plomo es ligero, de manera que es fácil de llevar. Visualiza que el metal cubre tu campo áurico, lo cual te dará una defensa extraordinariamente sólida.

Usa este escudo cuando tengas miedo o no te sientas seguro. Invócalo cuando regreses caminando a casa del trabajo o cuando estés esperando el transporte público en la noche. La gente sentirá tu fuerza y te dejará en paz.

## ESCUDOS DE COLORES

Cada color tiene una vibración y con tu intuición puedes elegir uno para cubrir tu aura. Cierra los ojos y el primer color que llegue a tu mente es el adecuado para ese momento. Puede ser que mañana te guíen al mismo o a otro color. Confía en esa sabiduría interior y visualiza que tu aura brilla con ese tono.

Los siguientes son algunos de nuestros colores favoritos para protegernos:

- **Blanco:** es energía fuerte y pura de protección y limpieza.
- **Púrpura:** es excelente para protección psíquica.
- **Rosa:** te ayuda a protegerte y proviene de un lugar de amor.
- **Dorado:** es energía sanadora y protectora.
- **Verde:** funciona muy bien para hacer un escudo de sanación.
- **Amarillo:** es perfecto para el estudio y la concentración.

Tus pensamientos le dan forma al resto de tu viaje. Recuerda que estás creando tu realidad. Cada pensamiento es una afirmación de lo que manifiestas. De manera que, si el camino que tienes delante te parece aterrador, doloroso o decepcionante revisa qué influencias han estado presentes en tus pensamientos. Por otro lado, si se ve perfecto y hermoso entonces estás haciendo un excelente trabajo para mantener pensamientos de energía superior.

Recuerda siempre el futuro que quieres manifestar para ti. Elige sabiamente tus pensamientos, cuida la compañía que te rodea, sé diligente con tus escudos de protección y limpia tu energía de manera regular.

# EPÍLOGO

No has venido a la Tierra a sufrir. Estás aquí para crear grandeza. Si lo olvidas pierdes de vista la obra completa. Estás aquí porque debajo de la ilusión del dolor, eres inspiración. Brindas gozo a la vida de los demás. Muchas personas confían en ti por tu calidez y sinceridad. Es posible que se te olvide de vez en cuando pero, por favor, reconoce que eres más que un cuerpo que sufre. Tu alma es muy poderosa y es lo que te ayudará en la siguiente etapa.

Algunas veces, el dolor ha formado parte de la vida de alguien durante tanto tiempo que es difícil recordar cómo funcionar sin él. Aunque suene extraño, es verdad para muchas personas. Así que, piensa: ¿Qué has dejado de disfrutar por el dolor? Cuando ya no haya dolor, ¿cómo recuperarás esas oportunidades y disfrutarás cada día? El objetivo es acabar con el poder que el dolor alguna vez tuvo sobre ti. Cuando sueltas esa vieja compañía haces espacio para la energía celestial de tus ángeles. Es-

tos seres de amor encienden la luz del camino que te espera. Tu camino cómodo, seguro, gratificante. El camino
que debes andar.

Los ángeles dicen que sigamos adelante con el camino del cambio solo si se alinea con tu paz superior. Si
tomas decisiones para guardar las apariencias o porque
sientes que no mereces ser amado, estás escuchando a la
voz inferior del ego. El ego quiere verte fracasar y sufrir.

Por favor, sé consciente de la voz que escuchas en
este momento. ¿Tu voz interior te estimula, te motiva y
te inspira o esa voz hace que te sientas avergonzado y te
culpa? La primera es la voz de tus ángeles, la segunda es
la energía inferior del ego. Debes estar conectado constantemente para verificar de dónde proviene la guía que
escuchas. Una quiere que te sientas feliz, sano y amado,
asegúrate de estar sintonizado con esa voz.

Haz que invitar a tus ángeles a tu vida sea parte de tu
rutina diaria. Dales permiso para ayudarte diciéndoles:

"ÁNGELES, HOY LES DOY LA BIENVENIDA A MI VIDA. POR FAVOR,
ACOMPÁÑENME EN CADA PASO Y SEAN MI GUÍA DURANTE MI CAMINO.
POR FAVOR, AYÚDENME SIEMPRE. ESTOY DISPUESTO A RECIBIR LA
GUÍA Y LA SANACIÓN QUE TIENEN PARA MÍ. GRACIAS".

Cuando lo haces, tu cuerpo físico no solo se sentirá
de maravilla, también te caerán oportunidades increí-
bles. Ascensos en el trabajo, nuevos amigos, relaciones

satisfactorias y otros tipos de abundancia se cruzarán en tu camino. Es un proceso natural que va de la mano con alinearte con tu Ser Superior. Te vuelves uno con el universo y eres capaz de brillar y expresar los dones que Dios te ha dado.

No olvides que todas las cosas que tienen que ver contigo son creadas de manera perfecta. La manera en que tu cuerpo está y se siente en este momento es parte de un plan superior. Si hay algo que quisieras que fuera diferente, ahora tienes la oportunidad de cambiarlo, con la ayuda de Dios y los ángeles.

# Apéndice

# ÁREAS ESPECÍFICAS DE DOLOR Y SUS MÉTODOS DE SANACIÓN

Aquí tienes una lista de las áreas que suelen doler más y sus métodos de sanación, que incluyen plantas, suplementos, cuarzos, oraciones, técnicas de sanación espiritual y energética y otros. También hablamos sobre las posibles causas energéticas del dolor en esas áreas.

Para tener mejores resultados escucha a tu intuición o guía cuando evalúes los siguientes métodos. No uses al mismo tiempo todas las terapias mencionadas. Es mejor probar una o dos para que sepas cuáles están funcionando. Si intentas cinco a la vez nunca sabrás qué método está trabajando.

Si te sientes atraído por los decretos proponte repetirlos varias veces al día. A algunas personas les funciona poner la alarma de sus teléfonos para acordarse de repetir sus decretos durante uno o dos minutos. Mientras más afirmes el deseo positivo, más lo cree tu cuerpo.

## Dolor general

### Causa energética
Necesitas liberar la tensión. En este momento, tu cuerpo es como una botella de refresco agitada. La presión está acumulada en el interior y necesita liberarse. Cuando abres la tapa, las emociones pueden salir disparadas y hacer un desastre. Pero después, casi de manera instantánea, te sentirás calmado. Ahora es el momento de que sueltes y te dirijas a la paz que anhelas.

### Prescripciones naturales
- Desintoxicación; es probable que tu cuerpo esté almacenando compuestos que te perjudican.
- Toma 25 gotas de tintura de jengibre o 1000 mg de suplemento de jengibre tres veces al día para aliviar el dolor.
- Toma 1200 mcg de SAM al día —400 mcg tres veces al día— durante dos semanas. Con eso es suficiente para sacudirte la flojera y aliviar el dolor. Después tendrás nuevas perspectivas y una visión positiva del futuro.

- Toma 4000 mg de boswellia en dos o tres dosis durante el día. Esta hierba te levanta el ánimo y elimina los obstáculos para tu sanación.
- Consume cúrcuma en la comida y tómala como suplemento o tintura. Reduce la inflamación y desintoxica al cuerpo.
- Toma 400 mg de magnesio al día para ayudar a relajar la tensión muscular y promover el bienestar.
- Hazte una prueba para revisar tus niveles de vitamina D. La gente que tiene bajos niveles suele necesitar mayor cantidad de medicamentos.
- Toma diez gotas de viburno o bola de nieve tres veces al día para soltar la tensión.
- Toma dos cucharaditas de corydalis para el dolor agudo. Al día siguiente toma media cucharadita en tres dosis durante el día.

## SOLUCIONES ESPIRITUALES Y ENERGÉTICAS

- Limpia tus chakras con el Sagrado Rayo de Luz del arcángel Metatrón. Practícalo todos los días.
- Suelta con la ayuda de una ceremonia de luna llena.

## ORACIÓN

"DIOS Y ÁNGELES, POR FAVOR ENVÍENME SU LUZ SANADORA. AYÚDENME A SOLTAR TODOS LOS ASUNTOS DEL PASADO Y DARLE LA BIENVENIDA A MI SALUD Y BIENESTAR. CAMBIO EL DOLOR Y LA INCOMODIDAD POR AMOR, PAZ Y GOZO. ÁNGELES, POR FAVOR, ABRAN MI CORAZÓN PARA QUE PUEDA SANAR. TODO LO QUE PROVIENE DEL AMOR ATRAE LA ESENCIA DE LA SANACIÓN. INVOCO

AL ARCÁNGEL RAFAEL PARA QUE ESTÉ CONMIGO AHORA.
POR FAVOR, BENDÍCEME CON TU LUZ VERDE ESMERALDA Y SANA
TODAS MIS CÉLULAS; ILUMINA LA LUZ DE MI INTERIOR PARA
QUE SOLO EL AMOR VIVA EN MÍ. GRACIAS."

## DECRETOS
- "Voluntariamente suelto toda la presión de mi vida".
- "Cada paso que doy me acerca a la paz".
- "Mi cuerpo es un templo y lo honro".

# Tobillos/Pies

### CAUSA ENERGÉTICA
Tienes miedo de dar el siguiente paso. Sientes que la siguiente parte de tu viaje es importante y no quieres cometer un error. No dejes que el miedo retrase tu progreso.

### PRESCRIPCIONES NATURALES
- Toma 2.5 ml de garra del diablo con un poco de agua dos veces al día. Esta planta nutre los pequeños huesos de tus tobillos y tus pies.
- La boswellia ayuda a eliminar el dolor y la incomodidad.
- Prueba tratamientos con acupuntura.

### SOLUCIONES ESPIRITUALES Y ENERGÉTICAS
- Limpia tus chakras con el Sagrado Rayo de Luz del arcángel Metatrón. Elimina los miedos y te da valor para seguir adelante.

- Haz una limpieza con rosa blanca para eliminar los bloqueos hacia tu progreso.
- Coloca una violeta africana en tu oficina para limpiar la energía.

## ORACIÓN

"DIOS Y ARCÁNGEL MIGUEL, POR FAVOR, ELIMINEN AHORA EL MIEDO. LES PIDO QUE ME LLENEN DE VALOR PARA DAR EL SIGUIENTE PASO. SÉ QUE ESTE MOMENTO ESTÁ OCURRIENDO PORQUE ESTOY LISTO. LE DOY LA BIENVENIDA A ESTE CAMBIO POSITIVO EN MI VIDA Y SUELTO TODO LO QUE ME IMPEDÍA AVANZAR. VOLUNTARIAMENTE DEJO TODO EL DOLOR Y LA INCOMODIDAD Y DECIDO LLEVAR A CABO MI DESTINO DIVINO. GRACIAS".

## DECRETOS

- "Estoy a salvo al dar el siguiente paso".
- "Estoy listo para lo que viene".
- "Acepto mi propósito y elijo avanzar ahora".

# Brazos

## CAUSA ENERGÉTICA

Miedo al éxito. Quizá este sea tu momento para brillar, ¡por favor, no te resistas!

## PRESCRIPCIONES NATURALES

- Toma 2.5 ml de extracto de garra del diablo en un poco de agua dos veces al día para aliviar el dolor en el brazo.

- Toma cuatro gotas de extracto de hierba de San Juan para sanar los nervios del brazo.
- Toma un baño relajante con sal de mar para limpiar tu cuerpo de toxinas.

## SOLUCIONES ESPIRITUALES Y ENERGÉTICAS

- Haz una ceremonia para soltar con la luna llena y eliminar todo lo que esté causándote dolor. Al liberarlo permites que comience el siguiente capítulo de tu vida.
- Limpia tus chakras con el Sagrado Rayo de Luz del arcángel Metatrón para estar dispuesto a aceptar todo lo bueno en tu vida.

## ORACIÓN

"DIOS Y ÁNGELES, POR FAVOR, LLÉVENSE TODO EL DOLOR,
PUES YO ME SIENTO CÓMODO AL TENER ÉXITO.
CONFÍO EN SU PROCESO Y SÉ QUE ESTE MOMENTO ES EL ADECUADO
PARA BRILLAR. RENUNCIO AL DOLOR Y ABRAZO LA BELLEZA.
POR FAVOR, ENSÉÑENME A ALCANZAR EL
SIGUIENTE PASO EN MI CAMINO.
LES PERMITO QUE GUÍEN MI CAMINO.
GRACIAS".

## DECRETOS

- "Estoy listo para cumplir con mi propósito".
- "El éxito llega a mí y yo le doy la bienvenida".
- "Permito que mi luz brille".

# Espalda baja

## CAUSA ENERGÉTICA

Miedo y preocupación por el dinero. Dificultad para avanzar después de una experiencia traumática.

## PRESCRIPCIONES NATURALES

- Toma 4000 mg de boswellia en dos o tres dosis durante el día. Esto reduce la inflamación y elimina los bloqueos para que puedas sanar.
- Añade cúrcuma a la comida que prepares. También puedes tomar un suplemento de cúrcuma.
- Toma sauce blanco en extracto o tabletas. Esto elimina la inflamación y el dolor. Funciona bien si el área se siente caliente o si el dolor ocasiona sensación de calor.
- Toma 400 mg de magnesio al día. El magnesio relaja tus músculos y hace que te sientas como si acabaras de tomar un masaje.
- Toma dos cucharaditas de corydalis para el dolor agudo. Al día siguiente toma media cucharadita en tres dosis durante el día.
- Toma diez gotas de viburno o bola de nieve tres veces al día para ayudarte a soltar el dolor y la tensión.
- Toma terapia Bowen o masajes para sanar y equilibrar la espalda baja.

#### SOLUCIONES ESPIRITUALES Y ENERGÉTICAS

- Coloca un cuarzo de granate en tu bolsillo y tráelo contigo todo el día. El granate elimina el desequilibrio en el chakra raíz y te da una sensación de estabilidad.
- Pon lirios amarillos en tu oficina para arreglar cuestiones financieras. Los lirios atraen la energía de la abundancia.
- Invoca al arcángel Miguel para que corte los cordones etéricos de tu espalda baja. Estos apegos energéticos pueden drenar tu energía. También pueden ser la causa de tu incomodidad y del dolor.

#### ORACIÓN

"DIOS Y ÁNGELES, POR FAVOR, ELIMINEN EL DOLOR DE MI ESPALDA BAJA. ESTOY DISPUESTO A SOLTARLO AHORA Y A RECIBIR BIENESTAR. PERMITO QUE EL UNIVERSO SATISFAGA MIS NECESIDADES TERRENALES, LO CUAL ME DA SEGURIDAD. SÉ QUE SIEMPRE ESTOY A SALVO BAJO LA MIRADA DE LOS ÁNGELES. INVOCO AL ARCÁNGEL MIGUEL PARA QUE ELIMINE EL MIEDO Y LAS PREOCUPACIONES RELACIONADAS CON EL DINERO Y LA SEGURIDAD AHORA. GRACIAS".

#### DECRETOS

- "Mis necesidades financieras siempre están cubiertas".
- "Me apoyan por completo mientras avanzo".
- "Con certeza sigo las indicaciones de mi guía".
- "Voluntariamente suelto el pasado".

# Espalda superior

## CAUSA ENERGÉTICA

Quizá seas objeto de celos. Sé consciente de la gente con la que convives. Es posible que haya energía de ataques psíquicos en tu espalda superior. Puede haber ansiedad al decir lo que piensas y al expresar la verdad.

## PRESCRIPCIONES NATURALES

- Toma suplementos de sauce blanco para aliviar el dolor y la inflamación.
- Toma 400 mg de magnesio para ayudarte a que dejes de cargar el peso del mundo con los hombros.
- Mezcla una cucharadita de cúrcuma en polvo con un poco de yogur u otro alimento que contenga grasa. Consúmelo todos los días para reducir el dolor y la incomodidad.
- Toma dos cucharaditas de corydalis para el dolor agudo. Al día siguiente toma media cucharadita en tres dosis a lo largo del día.
- Alivia la tensión con terapia Bowen, masaje y acupuntura para permitir que se dé la sanación.

## SOLUCIONES ESPIRITUALES Y ENERGÉTICAS

- Trabaja con el arcángel Miguel y practica el ritual de la aspiradora espiritual. Es probable que hayas absorbido la negatividad de los demás.
- Ponte un escudo todos los días para evitar que te lastimen las vibraciones bajas. Prueba los escu-

dos con los colores púrpura y rosa, son muy efectivos.

- Lleva contigo un cuarzo amatista para que absorba y trasmute las energías de baja vibración.
- Haz una limpieza con rosa blanca, concéntrate en el área de los hombros y la espalda superior. La rosa blanca se lleva la energía negativa y al dolor.

## Oración

"Dios y arcángel Miguel, por favor, colóquenme un escudo y protéjanme de las energías negativas. Les pido que estén conmigo para fortalecer mi seguridad. Denme la confianza para brillar sin retraso. Purifiquen mi cuerpo y eliminen cualquier forma de dolor. Arcángel Rafael, por favor, llena mi cuerpo con tu sanación. Gracias".

## Decretos

- "Estoy a salvo y Divinamente protegido".
- "Todo lo que viene a mí es bueno y positivo".
- "Expreso la verdad con confianza".

# Pecho

## Causa energética

Miedo de mostrar tu verdadero yo. Algunas veces, te escondes detrás de una máscara y finges ser alguien que no eres —en el trabajo, con amigos e incluso con seres queridos—. Eres más digno de ser amado de lo que crees y el mundo merece ver tu belleza.

## PRESCRIPCIONES NATURALES

- Toma 800 mcg de SAM dividida en dos dosis de 400 mcg al día. La SAM estimula el alma y trae risa y felicidad.
- Toma 400 mg de magnesio elemental cada día para abrir tu pecho y sanar el dolor.
- Frota una o dos gotas de aceite de menta en tu pecho. Puede provocar enrojecimiento pero libera rápidamente el dolor y la rigidez muscular.

## SOLUCIONES ESPIRITUALES Y ENERGÉTICAS

- Invoca al arcángel Rafael y pídele que sane tu corazón. El pecho es donde se ubica el chakra del corazón —el lugar donde guardas viejas emociones y penas—. Con tu permiso, Rafael lo limpia. Di: "Arcángel Rafael, por favor, ayúdame a sanar mi corazón. Por favor, elimina la tensión de mi pecho sacando las viejas emociones. Gracias".
- Pide al arcángel Miguel que se lleve la máscara detrás de la cual has estado escondiéndote y que revele tu ser verdadero. Di: "Arcángel Miguel, por favor, dame el valor de ser mi verdadero yo. Te pido que retires las capas falsas que puse para sobrevivir. Quítame la máscara ahora y permite que mi verdadero ser brille. Gracias".

## ORACIÓN

"SÉ QUE SOLO PUEDO SER UNA PERSONA EN ESTA VIDA: ¡YO!
DIOS Y ÁNGELES, POR FAVOR, AYÚDENME A REVELAR QUIÉN SOY
POR DENTRO, MI VERDADERO SER. POR FAVOR, DENME LA FUERZA

PARA ROMPER ESE CAPARAZÓN Y VOLVERME QUIEN NACÍ PARA SER. ESTOY LISTO AHORA. SUELTO TODO EL MIEDO Y EL DOLOR Y LE DOY LA BIENVENIDA A MI VERDAD INTERIOR. GRACIAS".

## DECRETOS
- "Es seguro para mí, ser yo mismo".
- "Los demás se benefician cuando muestro mi ser verdadero".
- "Revelo quien soy en mi interior".

# Cabeza

### CAUSA ENERGÉTICA
Sueles analizar todo hasta el más mínimo detalle. Lo cual, algunas veces evita que avances porque primero necesitas que las cosas estén perfectas. Buscas la excelencia y puedes perderte en los detalles más que en las experiencias.

### PRESCRIPCIONES NATURALES
- Toma 800 mcg de SAM dividida en dos dosis de 400 mcg al día. Una o dos semanas después descubrirás que la nube de tu mente se disipa. Te sentirás más feliz y más ligero al soltar los grilletes del dolor.
- El sauce blanco en tabletas es un buen remedio para el dolor de cabeza.
- Toma 400 mg de magnesio al día para aliviar el estrés nervioso y la tensión de tu cabeza.

- Toma cinco gotas de hierba de San Juan para obtener claridad y una nueva perspectiva de tu salud. Esta hierba elimina el dolor y la tensión, incluyendo las migrañas.
- Frota aceite de lavanda en las sienes para aliviar el dolor de manera instantánea.

### SOLUCIONES ESPIRITUALES Y ENERGÉTICAS

- Practica la aspiradora espiritual con el arcángel Miguel. Él se lleva los pensamientos de tu mente que no quieres.
- Medita con la imagen de una flor de loto. Estas flores tienen un largo historial en la espiritualidad. El loto te imparte su sabiduría al asegurarte que nunca has cometido errores. Todo ha sucedido de la manera en que Divinamente debía ser.

### ORACIÓN

"DIOS Y ÁNGELES, POR FAVOR, LLENEN MI CABEZA DE PENSAMIENTOS DE AMOR Y BIENESTAR.

SUELTO TODA TENSIÓN Y ANSIEDAD RELACIONADAS AL DESEO DE SER PERFECTO. SÉ QUE EN LA VERDAD, SOLO DIOS ES CIEN POR CIENTO PERFECTO. ESTÁ BIEN QUE YO MUESTRE IMPERFECCIONES PUES MI ALMA BRILLA MÁS CON CADA LECCIÓN QUE APRENDO. GRACIAS".

### DECRETOS

- "Cambio la perfección por experiencias llenas de gozo".
- "Ahora actúo bajo una guía".

- "Mi mente está llena de pensamientos amorosos".

# Cadera

### Causa energética
Sientes que tus cimientos son inestables. Te preocupan tus relaciones, tu trabajo o tus amistades. Sabe que todo sucede de acuerdo al plan superior y no necesitas cambiar nada.

### Prescripciones naturales
- Toma 10 000 mg al día de aceite de linaza de buena calidad (5000 mg dos veces al día). El aceite de linaza ayuda a tus articulaciones y te da libertad de movimiento.
- Toma dos cucharaditas de corydalis para el dolor agudo. Al día siguiente toma media cucharadita en tres dosis durante el día.
- La cúrcuma es una excelente hierba antiinflamatoria. Añade cúrcuma a la comida que prepares. También toma suplementos de cúrcuma.

### Soluciones espirituales y energéticas
- Trabaja con el Sagrado Rayo de Luz del arcángel Metatrón para limpiar tus chakras. Es posible que tu chakra raíz esté desequilibrado y necesite curarse.
- Trae contigo un cuarzo de jaspe rojo para fijar tu energía y recordarte que todo está estable.

- Invoca al arcángel Rafael para obtener sanación.

## Oración

"Dios, Jesús y ángeles: le doy la bienvenida a su energía sanadora y rezo por mi alivio. Por favor, eliminen todo el dolor y bendíganme con libertad de movimiento. Permitan que entienda el plan superior. Ayúdenme a ver que todo está bien y que todo sucede en el tiempo Divino. Confío en ustedes y me rindo a este flujo de energía. Gracias".

## Afirmaciones

- "Todo sucede de acuerdo al plan Divino".
- "Estoy a salvo y todo está bien".
- "Confío".

# Mandíbula

## Causa energética

Miedo a la comunicación. Te preocupa que tus palabras causen dolor a los demás. Estás mordiéndote la lengua. Ahora es el momento de hablar con la verdad y compartir el conocimiento que tienes.

## Prescripciones naturales

- Toma siete gotas de extracto de hierba de San Juan para relajar la tensión de tu cuerpo y tranquilizar tu mente. Esta hierba relaja los músculos que rodean tu mandíbula y permite que te sientas confiado y a salvo.

- Toma 400 mg de magnesio cada día para aliviar la tensión alrededor de tu mandíbula.

### SOLUCIONES ESPIRITUALES Y ENERGÉTICAS

- Siéntate con un ramo de narcisos o imprime una imagen de narcisos, deja que su energía te ayude a expresarte. Es importante decir la verdad, si sientes que un mensaje es importante, necesitas entregarlo. Piensa en los carteros —no tienen la opción de entregar una carta o no—. No pueden quedarse con una parte y entregar el resto. Todo debe llegar a su destino. Si sabes algo tienes que decirlo ahora.
- Conéctate con cuarzos de sodalita, te dan confianza y también ayudan a relajar la mandíbula.
- Haz una ceremonia de soltar con la luna llena para liberar las cosas que te detienen.

### ORACIÓN

"POR FAVOR, TRAIGAN SANACIÓN A MI MANDÍBULA. PIDO QUE ESTA ÁREA DE MI CUERPO SE RELAJE POR COMPLETO Y ESTÉ LIBRE DE DOLOR. POR FAVOR, DENME EL VALOR DE HABLAR. AYÚDENME A ELEGIR LAS PALABRAS ADECUADAS PARA CADA SITUACIÓN, DE MANERA QUE TODOS SE BENEFICIEN DE LO QUE TENGO QUE DECIR. SUELTO EL MIEDO A SER JUZGADO Y ME APOYO EN MI PODER PARA HABLAR CON LA VERDAD. GRACIAS".

### DECRETOS

- "Es seguro decir lo que pienso".
- "Mis palabras traen sanación y gozo".

- "Los demás se benefician al oír lo que tengo que decir".

# Rodilla

## CAUSAS ENERGÉTICAS

Te sientes con prisa y luchas por terminar las tareas a tiempo. Tienes una sensación de urgencia y siempre crees que el tiempo se acaba.

## PRESCRIPCIONES NATURALES

- Empieza a tomar aceite de linaza. Principia con 3000 mg por día, y aumenta a 6000 mg si lo necesitas. Tómala en dosis tres veces al día para ayudar a que las articulaciones se muevan con libertad.
- En las noches pon una bolsa de gel frío en tu rodilla, esto le permitirá relajarse y sanar.
- Prepara un saco de sal para tu rodilla de dos a tres veces por semana. Así reduces la inflamación y la hinchazón.

## SOLUCIONES ESPIRITUALES Y ENERGÉTICAS

- Medita con un cuarzo ojo de tigre. Este cuarzo aliviará tu rodilla al permitirte ir más despacio. Es un cuarzo excelente para personas que brincan de una tarea a la siguiente. Date un momento para relajarte y permitir que tu cuerpo sane.
- Coloca una imagen de flores de gipsófila debajo de tu almohada. Esto te ayudará a organizar me-

jor el tiempo para que no sientas que tienes prisa. La gipsófila es muy buena cuando tienes muchos compromisos y no sabes por dónde empezar.

- Trae contigo un cuarzo de fluorita. Este cuarzo te ayuda a relajarte y a tener un bien merecido descanso; tranquiliza tu mente y te ayuda a establecer prioridades. Da energía de sanación a tu rodilla cuando de manera consciente das el siguiente paso.

### Oración

"Dios, Jesús y arcángel Rafael, los invoco ahora. Por favor, envíen luz esmeralda a mi rodilla. Por favor, concédanme la sanación que pido y yo me comprometo a ir más despacio. Entiendo que no hay urgencia, que todo sucede en el momento adecuado. Confío en ustedes y les pido que me guíen en el camino hacia mi recuperación. Gracias".

### Decretos

- "Termino mis tareas en el momento perfecto".
- "Hoy voy más despacio para disfrutar de los milagros que me rodean".
- "Tengo tiempo más que suficiente".

## Pierna

### Causa energética

Tu camino está tomando un cambio de dirección que no esperabas. Está bien y es mejor que fluyas con la nueva ruta.

## PRESCRIPCIONES NATURALES

- Mezcla aceites esenciales de lavanda y manzanilla y frota en la pierna. Diluye quince gotas de cada uno en un aceite portador —28 gramos de aceite de oliva o de coco orgánicos—. Revuelve bien y frota en tus piernas adoloridas.
- El jengibre mejora la circulación de las piernas y también alivia el dolor. Toma 20 gotas con un poco de agua tres veces al día.

## SOLUCIONES ESPIRITUALES Y ENERGÉTICAS

- Conecta con cuarzos de ametrina; son excelentes cuando pasas por una fase de transición. Deja que el cuarzo te hable y pregúntale qué puedes hacer para que el cambio sea más agradable.
- Haz una ceremonia de soltar con la luna llena para dejar ir el pasado.

## ORACIÓN

"CONFÍO EN QUE LOS CAMBIOS QUE EXPERIMENTO AHORA SEAN POR MI BIEN MAYOR. SÉ QUE LOS ÁNGELES ME GUÍAN EN ESTE CAMINO Y SIGO SUS INDICACIONES CON CONFIANZA. ESTE CAMBIO ES LA RESPUESTA A MIS ORACIONES. GRACIAS POR LA LIBERACIÓN DE TODO EL DOLOR A CAMBIO DE ESTA NUEVA EXPERIENCIA".

## DECRETOS

- "Doy la bienvenida al cambio positivo".
- "Permito que los ángeles me guíen".
- "Todo sucede por una razón".

# Cuello

## CAUSA ENERGÉTICA

Has elegido limitar la cantidad de lo que ves. Deja de ignorar lo que pasa a tu alrededor. Es tiempo de ver las cosas desde la perspectiva de los demás.

## PRESCRIPCIONES NATURALES

- Toma doce gotas de extracto de sauce blanco, cuatro veces al día, para aliviar la tensión de tus músculos.
- Toma cada día 400 mg de magnesio para relajar los tendones del cuello.
- Toma dos cucharaditas de corydalis para el dolor agudo. Al día siguiente toma media cucharadita en tres dosis durante el día.
- Toma 7000 mg al día de aceite de linaza en tres dosis (una de 3000 mg y dos de 2000 mg). El aceite de linaza ayudará a que tu cuello sienta alivio cuando voltees de lado a lado.

## SOLUCIONES ESPIRITUALES Y ENERGÉTICAS

- Trabaja con el arcángel Rafael para eliminar la energía de los ataques psíquicos. Esta energía negativa suele acumularse en la delicada área del cuello.
- Siéntate frente a un árbol y deja que los ángeles de la naturaleza alivien tu dolor.
- Medita con la flor agapanto. Puede ser con un ramo fresco o una imagen, ambas opciones son

igualmente efectivas. Ayuda a suavizar la tensión y revela más sobre lo que puede estar pasando.

- Consigue un cuarzo transparente y pequeño, que tenga ambos extremos puntiagudos. Límpialo para eliminar las energías viejas y prográmalo para que te sane, diciendo: "Cuarzo, por favor, sana mi cuerpo y elimina el dolor. Permito que guíes mi sanación y estoy alerta a tus señales. Gracias". Con *micropore* pega el cuarzo en la parte del cuello que te duele, coloca una punta hacia tu cabeza y la otra hacia tus pies. Déjalo durante unas horas y valora si es necesario que repitas el proceso.

## ORACIÓN

"POR FAVOR, AYÚDENME A VER UNA NUEVA PERSPECTIVA DE MI SITUACIÓN ACTUAL. PIDO QUE MI VISIÓN SEA FLEXIBLE Y RELAJADA MIENTRAS MI CUERPO SANA. VOLUNTARIAMENTE SUELTO EL DOLOR Y PIDO QUE EL AMOR TOME SU LUGAR. ÁNGELES, POR FAVOR, DENME EL ENTENDIMIENTO QUE ME PERMITA VER LA IMAGEN COMPLETA. GRACIAS".

## DECRETOS

- "Mis puntos de vista son flexibles".
- "Estoy abierto a nuevas perspectivas positivas".
- "Veo claramente todo lo que sucede en mi mundo".

# Hombro

## Causa energética
Cargas el peso del mundo. Estás agobiado por los problemas de todos. Tiendes a enfocarte en los demás antes que en ti mismo.

## Prescripciones naturales
- Toma diez gotas de viburno tres veces al día para aliviar el dolor y el malestar del hombro.
- Aplica en el hombro que te duele unas gotas de aceite esencial de lavanda y de manzanilla. Las propiedades sanadoras de los aceites reducen la inflamación y se llevan el dolor.
- Usa un ungüento de capsaicina. Ten cuidado pues quizá cause enrojecimiento. Para empezar usa una cantidad muy pequeña y aumenta si es necesario. La capsaicina adormece el área que duele y alivia el hombro.

## Soluciones espirituales y energéticas
- Invoca al arcángel Miguel para una aspiradora espiritual. Él se lleva la pesadez y el dolor de tus hombros.
- Pregunta a tu intuición si necesitas cortar cordones etéricos. Es posible que ayudes a mucha gente y, cada vez que lo haces estableces un cordón etérico con esa persona. Pide al arcángel Miguel que termine con esos apegos perjudiciales para que fluya a ti más amor.

- Limpia los chakras con el Sagrado Rayo de Luz del arcángel Metatrón.
- Medita de manera regular; visualiza que estás en paz y sin dolor. Imagina cómo sería tu vida si el dolor ya no fuera un impedimento.

## ORACIÓN

"Dios y ángeles, por favor, quiten el peso del mundo de mis hombros. Reconozco que solo soy una persona. No se supone que deba hacer las cosas solo. Les pido que me recuerden que pida ayuda. Le doy la bienvenida al amor sanador de mis ángeles y de los ángeles terrenales que me rodean. Por favor, recuérdenme que yo no soy la fuente de sanación de la gente. Solo el cielo obra esos milagros. Con ese conocimiento, me relajo y disfruto del viaje. Gracias".

## DECRETOS

- "Mis necesidades son importantes y disfruto cuidando de mí mismo".
- "La sanación se da cuando el receptor está listo".
- "Mis hombros se mueven con libertad y comodidad".

# Estómago

## CAUSA ENERGÉTICA

Reprimes tus emociones. Quizá albergues tanta ansiedad y estrés que te frenan constantemente.

## PRESCRIPCIONES NATURALES

- Toma diez gotas de tintura de jengibre o extracto líquido (con un poco de agua) para aliviar el dolor estomacal y la náusea.
- Toma té de menta o de manzanilla para aliviar el malestar estomacal.
- Añade cúrcuma a la comida que preparas. También puedes tomar suplemento de cúrcuma.
- Frota cinco gotas de aceite esencial de manzanilla en tu estómago, así se relaja esa zona y se reduce el dolor.

## SOLUCIONES ESPIRITUALES Y ENERGÉTICAS

- Inhala el aroma del aceite esencial de lavanda para tener de inmediato tranquilidad y calma.
- Escucha la melodía de los cuencos tibetanos, pues regulan las emociones y eliminan el dolor.
- Usa el Sagrado Rayo de Luz del arcángel Metatrón para limpiar tus chakras. Él liberará la ansiedad y las toxinas a las que te has aferrado.

## ORACIÓN

"DIOS Y ÁNGELES, POR FAVOR, AYÚDENME A LIBERAR LA PRESIÓN DESDE DENTRO. SÉ QUE ES SEGURO PARA MÍ SOLTAR CON SU AYUDA SANADORA. POR FAVOR, DESHAGAN LOS NUDOS DE MI ESTÓMAGO PARA QUE VUELVA A SENTIR BIENESTAR. PIDO A LOS ARCÁNGELES MIGUEL Y RAFAEL QUE ESTÉN A MI LADO Y ME AYUDEN A ELIMINAR LA ANSIEDAD.

GRACIAS".

**DECRETOS**

- "Yo soy calma".
- "Yo estoy en paz".
- "Soltar es seguro para mí".

## Muñeca/ Mano

### CAUSA ENERGÉTICA

No has estado mucho tiempo con las cosas que amas. Es tiempo de ser creativo y volver a conectarte con tus pasatiempos.

### PRESCRIPCIONES NATURALES

- Toma diez gotas de tintura de jengibre (con un poco de agua) para eliminar el dolor y la inflamación.
- Toma 2.5 ml de extracto de garra del diablo en un poco de agua, dos veces al día. Esta hierba ayuda a las articulaciones y a los tendones pequeños. Alivia el dolor de las muñecas y las manos y ayuda a que termines las tareas que te esperan.
- Toma diez gotas de extracto líquido de hierba de San Juan si tienes síntomas de síndrome del túnel carpiano o lesión por torsión repetitiva.
- La boswellia es una opción excelente para el dolor de las muñecas. Usa suplementos de buena calidad y toma la dosis recomendada.
- Coloca una bolsa de gel frío en la muñeca y déjala durante 20 minutos. Permite que tu muñeca des-

canse y vuelve a aplicar el frío una hora más tarde. Así se reduce la inflamación y el malestar.

## SOLUCIONES ESPIRITUALES Y ENERGÉTICAS

- Invoca al arcángel Miguel y pídele que aspire espiritualmente tu muñeca y tu mano. Algunas veces, las energías de baja vibración se alojan en la punta de los dedos y alrededor de los huesos pequeños de la muñeca. El arcángel Miguel las encuentra y te libera del dolor.
- Toma un cuarzo rosa. Conecta con la energía del cuarzo y siente que la vibración del amor sana tu muñeca y tu mano. Es posible que primero sientas frío, después sentirás calor o un hormigueo en el área de la mano y la muñeca.
- Trae contigo un cuarzo de cornalina para aumentar tu vena creativa.

## ORACIÓN

"DIOS Y ÁNGELES, POR FAVOR, DENME EL TIEMPO, EL DINERO, EL MEDIO DE TRANSPORTE Y TODO LO QUE NECESITO PARA CENTRARME EN MÍ MISMO. LES PIDO QUE ME AYUDEN A VOLVER A DESCUBRIR MIS PASATIEMPOS Y MIS PASIONES. SÉ QUE SANARÉ AL REENCONTRARME CON ELLOS. PERMITAN QUE MI GOZO BRILLE EN TODO MI SER Y QUE SANE TODOS MIS MÚSCULOS Y ARTICULACIONES. GRACIAS".

## DECRETOS

- "Sano al darme tiempo para hacer lo que amo".
- "Mi creatividad me ayuda a sanar".
- "Lleno mi tiempo con actos de felicidad".

# BIBLIOGRAFÍA

Abedin, L. et al. "The Effects of Dietary Alpha-linolenic Acid Compared with Docosahexaenoic Acid on Brain, Retina, Liver and Heart in the Guinea Pig", *Lipids.* 1999 May; 34(5):475-82.

Allman, M. A. et al. "Supplementation with Flaxseed Oil versus Sunflower Oil in Healthy Young Men Consuming a Low Fat Diet: Effects on Platelet Composition and Function", *Eur J Clin Nutr.* 1995 Mar; 49(3):169-78.

American Academy of Pain Medicine. "AAPM Facts and Figures on Pain", consulta: noviembre 2013. www.painmed.org/patientcenter/facts_on_pain.aspx

Australian Bureau of Statistics. "Characteristics of Bodily Pain in Australia", consultado: noviembre 2013. www.abs.gov.au/ausstats/abs@.nsf/Lookup/4841.0Chapter12011

Benson, J. "Top Remedies for Treating Chronic Pain Naturally", *Natural News,* consultado: noviembre 2013. www.naturalnews.com/039092_chronic_pain_treatment_remedies.html

Bone, K. *The Ultimate Herbal Compendium.* Warwick, Queensland, Australia: Phytotherapy Press, 2007.

Buckle, J. "Use Of Aromatherapy as a Complementary Treatment for Chronic Pain", *Altern Ther Health Med.* 1999 Sep; 5(5):42-51.

Centers for Disease Control and Prevention. "About Parasites", consultado: diciembre 2013. www.cdc.gov/parasites/about.html

Centers for Disease Control and Prevention. "Policy Impact: Prescription Painkiller Overdoses", consultado: noviembre 2013. www.cdc.gov/homeandrecreationalsafety/rxbrief

Chang H. M. y But, P. P. (eds). *Pharmacology and Applications of Chinese Materia Medica.* Singapore: World Scientific, 1987.

Davies, S. J. et al. "A Novel Treatment of Postherpetic Neuralgia Using Peppermint Oil", *Clin J Pain.* 2002 May-Jun; 18(3):200-2.

Ehrlich, S. "Devil's Claw", *University of Maryland Medical Center,* consultado: noviembre 2013. http://umm.edu/health/medical/altmed/herb/devils-claw

———. "Willow Bark", *University of Maryland Medical Center,* consultado: noviembre 2013. http://umm.edu/health/medical/altmed/herb/willow-bark

Galeotti, N. y Ghelardini, C. "Saint-John's-wort Reversal of Meningeal Nociception: A Natural Therapeutic Perspective for Migraine Pain", *Phytomedicine.* 2013 Jul 15; 20(10):930-8.

Galland, L. "Intestinal Parasites May Be Causing Your Energy Slump", *The Huffington Post,* enero 6, 2011. www.huffingtonpost.com/leo-galland-md/intestinal-parasites_b_804516.html

GNC. "MSM and the healing power of sulfur", consultado: noviembre 2013.

Haim, J. "Treating Pain Naturally", *WellBeing,* consultado: noviembre 2013. www.wellbeing.com.au/blog/treating-pain-naturally

Henderson, J. V. et al. "Prevalence, Causes, Severity, Impact, and Management of Chronic Pain in Australian General Practice Patients", *Pain Med.* 2013 Sep; 14(9):1346 -61.

Institute of Medicine (IOM). *Relieving Pain in America, A Blueprint for Transforming Prevention, Care, Education, and Research.* Washington, D. C.: The National Academies Press, 2011.

Kimmatkar, N. et al. "Efficacy and Tolerability of Boswellia Serrata Extract in Treatment Of Osteoarthritis of Knee-a Randomized Double-Blind Placebo-Controlled Trial", *Phytomedicine.* 2003, enero; 10(1):3-7.

Kizhakkedath, R. "Clinical Evaluation of a Formulation Containing Curcuma Longa and Boswellia Serrata Extracts in the Management of Knee Osteoarthritis", *Mol Med Rep.* 2013 Nov; 8(5):1542-8.

Lite, J. "Nature's New Pain Relievers", *Prevention,* noviembre 2011. www.prevention.com/mind-body/natural-remedies/pain-remedies-11-natural-cures-pain

———. "You're in Pain. You Want Relief. Naturally", *Prevention,* septiembre 14, 2008. www.nbcnews.com/id/26136767/ns/health-alternative_medicine/t/youre-pain-you-want-relief-naturally/#.UjkUkhY-8FsM

Madhu, K. et al. "Safety and Efficacy of Curcuma Longa Extract in the Treatment of Painful Knee Osteoarthritis: A Randomized Placebo-Controlled Trial", *Inflammopharmacology.* 2013, abril; 21(2):129-36.

Mantzioris, E. et al. "Dietary Substitution with Alpha-li-nolenic Acid-Rich Vegetable Oil Increases Eicosa-pentaenoic Acid Concentrations in Tissues", *Am J Clin Nutr.* 1994 Jun; 59(6):1304-9.

Mercola, J. "What you need to know about inflammation", *Mercola.com,* septiembre 08, 2009, consultado: noviembre 2013. http://articles.mercola.com/sites/articles/ archive/2009/09/08/what-you-need-to-know-about-inflammation.aspx

National Health and Medical Research Council. *Report on the Role of Polyunsaturated Fats in the Australian Diet.* Canberra: AGPS, 1991.

National Sleep Foundation. "Sleep in America Poll". 2000. www.sleepfoundation.org

Oyama, T. y Smith, G. (eds). *Pain and Kampo: The Use of Japanese Herbal Medicine in Management of Pain.* Tokio: Springer-Verlag, 1994.

Paulozzi, L. J. et al. "Vital Signs: Overdoses of Prescription Opioid Pain Relievers-United States, 1999-2008", *Centers for Disease Control and Prevention.* www.cdc.gov/mmwr/preview/mmwrhtml/mm6043a4.htm

Rodriguez, T. "Common Parasite Linked to Personality Changes", *Scientific American,* agosto 2, 2012, consultado: diciembre 2013, www.scienticamerican.com/

article.cfm?id=common-parasite-linked-to-perso-nality-changes

Schmid, B. et al. "Efficacy and Tolerability of a Standar-dized Willow Bark Extract in Patients with Osteoar-thritis: Results of Two Randomized Double-Blind Controlled Studies", *Phytother Res.* 2001; 15: 344-350.

Substance Abuse and Mental Health Services Adminis-tration. *Drug Abuse Warning Network: Selected Tables of National Estimates of Drug-Related Emergency Department Visits.* Rockville, M. D.: Substance Abuse and Mental Health Services Administration, 2010.

————. *Results from the 2010 National Survey on Drug Use and Health: Summary of National Findings.* NS-DUH Series H-41, HHS Publication N.º (SMA) 11-4658. Rockville, M. D.: Substance Abuse and Mental Health Services Administration, 2011. http://oas.samhsa.gov/NSDUH/2k10NSDUH/2k10Results.htm

Thomsen, M. *Phytotherapy Desk Reference.* Tasmania: Global Natural Medicine, 2005.

Virtue, D. *Los milagros sanadores del arcángel Rafael.* Ciudad de México: Grupo Edotorial Tomo, 2010.

# SOBRE LOS AUTORES

 **Doreen Virtue** tiene una licenciatura, maestría y doctorado en psicología y es hija de un sanador espiritual profesional. Doreen creció en una familia en la cual la oración sanaba el dolor y malestar. En su libro *Los milagros sanadores del arcángel Rafael* escribió sobre sanación. Ha participado en programas como *Oprah*, *The View* y muchos otros programas de televisión y de radio. Imparte talleres en todo el mundo y *online* en HayHouseRadio.com

 **Robert Reeves**, es un naturópata certificado que combina la medicina herbolaria y su entrenamiento en nutrición con sus capacidades psíquicas y como médium. Tiene una fuerte conexión con el mundo angélico y natural; cree que la naturaleza posee propiedades sanadoras Divinas.

Robert imparte talleres espirituales, escribe artículos para revistas y ha participado en programas de radio internacionales. Es dueño de una exitosa clínica de terapias naturales en Australia, en la que ha ayudado a una gran cantidad de clientes a eliminar el dolor. Ha desarrollado una variedad de esencias energéticas que se centran en la energía de los cuarzos y los ángeles, y se encuentran como rociadores para el aura. Junto con Doreen, es coautor de *Flower Therapy*, *Flower Therapy Oracle Cards* y *Angel Detox*.